Der Wedding

Schriftenreihe
des Weddinger Heimatvereins —
Verein
für Weddinger Geschichte
Band 1

Bernd Schimmler

Der Wedding

Ein Bezirk zwischen Tradition und Fortschritt

Verlagsbuchhandlung Koll · Berlin

CIP-Kurztitelaufnahme der Deutschen Bibliothek

Schimmler, Bernd:
Der Wedding: Ein Bezirk zwischen Fortschritt
und Tradition / Bernd Schimmler
Berlin: Verlagsbuchhandlung Koll, 1985
ISBN 3-925024-00-X

© Verlagsbuchhandlung Koll, Berlin 1985
Graphische Gestaltung: Karl-Heinz Wieland
Satz: Fotosatz Sigrid Münch, Kall
Reproduktionen: Ruksaldruck, Berlin
Nachdruck, auch auszugsweise, nur mit schriftlicher
Genehmigung des Verlages.
ISBN 3-925024-00-X

»Der Wedding, ein Vorwerk und Schäferey. Markgraf Otto V., der Lange, gab es 1289 der Stadt Berlin zu Lehen. Im Anfange des vorigen Jahrhunderts besaß es der Kurfürstliche Geheimrat Hieronymus Graf Schlick zu Passau. Anjetzt gehöret es dem Besitzer des Friedrichsgesundbrunnen, als Erbzinsgut.«

Diese wenigen Sätze über den Wedding sind die einzigen, die sich in Friedrich Nicolai's Beschreibung der Königlichen Residenzstätte Berlin und Potsdam', Berlin 1786, finden.

»Der sogenannte 'Wedding' beginnt, und an die Stelle der Fülle, des Reichtums, des Unternehmergeistes treten die Bilder jener prosaischen Dürftigkeit, wie sie dem märkischen Sande ursprünglich eigen sind. Kunst, Wissenschaft, Bildung haben in diesem armen Lande einen schweren Kampf gegen die widerstrebende Natur zu führen gehabt als vielleicht irgendwo anders.«

Theodor Fontane, Wanderungen durch die Mark Brandenburg.

Geleitwort

Heimatgeschichte, wie sie in dem hier vorliegenden kleinen Buch vorgestellt wird, beschreibt immer und zuerst die Geschichte der Menschen, die während Generationen einer Region, einer Stadt, einem Bezirk ihren unverwechselbaren Stempel aufgedrückt haben. Niemand kann sagen, daß es die Mehrzahl unserer Bürger leicht im Leben hatte. Die großen Industrieansiedlungen und die in ihrem Einzugsbereich liegenden fürchterlichen Behausungen brachten vielen Menschen das gemeinsame Erleben und Erleiden von Not und Entbehrung, das zwischen den Bürgern in diesem Bezirk ein festes Band der Solidarität und Mitmenschlichkeit knüpfte. Daß das bis heute so geblieben ist, macht den größten Reiz des Lebens im Bezirk Wedding aus.

Ich freue mich, daß dieses Buch dazu beiträgt, die traditionellen Wurzeln typischer Weddinger Mentalität deutlich zu machen. Sie ist verbunden mit Eigenschaften wie Mut, Beharrlichkeit und politischer Klarsicht.

Diese Tugenden haben während der großen wirtschaftlichen und politischen Krisen dieses Jahrhunderts ihre Beständigkeit unter Beweis gestellt. Der Arbeiterbezirk Wedding war ein Zentrum des Widerstandes gegen die faschistische Diktatur, seine Menschen haben einen großen Blutzoll im Kampf gegen den brutalen Terror entrichtet. Tradition — das heißt im Wedding auch das unbedingte Eintreten für Selbstbestimmung und Freiheit.

Und der Fortschritt? Er wird sichtbar dokumentiert in der ungeheuren Aufbauleistung nach dem letzten Weltkrieg, in dessen Bombennächten über 33 % des Wohnraumes im Bezirk zerstört wurden. Er drückt sich aus in einer großzügigen Bauplanung, die Licht und Luft in die Wohnungen läßt und verbunden wird mit dem Programm für einen »grünen Wedding«, in dem sich neben Bauten auch Grünflächen und Spielplätze behaupten.

Der Fortschritt hat darüber hinaus im Wedding eine wissenschaftlich-künstlerische Tradition. Hier haben sich zahlreiche Stätten der Wissenschaft und Forschung angesiedelt; es lebten und forschten hier die Chemiker Ernst Schering und der Arzt Robert Koch sowie der Ingenieur Paul Nipkow, der als Erfinder des Fernsehens gilt.

Der Wedding bot Originalen wie »Onkel Pelle« ebenso eine Heimat wie Schriftstellern, unter ihnen Arno Holz, Theodor Plievier und Peter Bamm. Eine Oase der Menschlichkeit war und ist der »Verein der Schrippenkirche«, in dem der Dienst am Mitmenschen bereits eine hundertjährige Tradition hat und der zusammen mit anderen Vereinen als Schrittmacher auf dem Weg zum heutigen Sozialstaat gelten kann.

Wir sind weit vorangekommen im Wedding:
Die meisten unserer Bürger können aus ihren heute viel besseren Wohnungen auf Grün- und Erholungsflächen blicken; die Lebensqualität des Wedding hat sich sprunghaft erhöht. Aber Sorge um Arbeitsplätze und die Einschnitte in das soziale Netz, gerade bei den Nichtbegüterten fordern auch in unserem Jahrzehnt Solidarität, Nächstenliebe und einen unermüdlichen Einsatz.

Ich wünsche mir sehr, daß dieses Buch in der Verbindung von Tradition und Fortschritt mithelfen möge, das »Kiezbewußtsein« der Weddinger zu erhalten und zu pflegen.

Erika Heß
Bezirksbürgermeisterin

Inhaltsverzeichnis

Vorbemerkung

Vorbemerkung

Im Jahre 1980 feierte man im Berliner Verwaltungsbezirk Wedding zahlreiche Jubiläen. So konnten 120 Jahre zuvor die Bewohner des Weddings und des Gesundbrunnens, die man damals noch säuberlich trennte, ihre nach langen Geburtswehen endlich vollzogene Eingemeindung in die preußische Hauptstadt Berlin feiern.

Weitere sechzig Jahre später wurde dann dieser Teil im Jahre 1920 zum dritten Stadtbezirk jenes neuen Großberlin, das ebenfalls nach harten Kämpfen zu einer einheitlichen Stadt wurde; einer Stadt, die bereits seit Jahrzehnten eine faktische Einheit bildete, rechtlich aber durch den Eigensinn der Kommunalpolitiker in Berlin und in den anderen Großstädten, wie z. B. Charlottenburg und Schöneberg, keine Großgemeinde werden konnte.

Es dauerte dann noch weitere 35 Jahre, bis der Wedding 1955 aus der Hand des damaligen Innensenators Joachim Lipschitz ein eigenes Wappen erhielt.

Hier soll die Geschichte eines Bezirkes beschrieben werden, der immer ein gewisses Schattendasein führte. »Uff'n Wedding« und »an de Plumpe« wohnte nicht der Berliner Bürger, der vielmehr krampfhaft verhindern wollte, daß der Wedding im letzten Jahrhundert eingemeindet wurde. Im Wedding wohnten am Beginn des Industriezeitalters die Tagelöhner und die gerade erst nach Berlin verzogenen Arbeiter und Dienstmädchen. Im Wedding wurden die bekannten Mietskasernen gebaut und die Menschen mit der Wohnung erschlagen, wie es Heinrich Zille unvergleichlich treffend ausdrückte.

Der Chronist der Berliner Geschichte, Adolf Streckfuß, schrieb im letzten Jahrhundert noch von dem Stammsitz eines wüsten Gesindels, und in einer Sammlung bemerkenswerter Kriminalfälle wird von verwanzten Löchern gesprochen, in denen schlecht bezahlte Arbeiter, geplagte Tagelöhner, Huren und Zuhälter lebten. Schließlich schrieb Kurt Tucholsky noch 1931 in seiner »soziologischen Psychologie der Löcher«:

> »Das Loch ist der Grundpfeiler dieser Gesellschaftsordnung, und so ist sie auch. Die Arbeiter wohnen in einem finsteren, stecken immer eins zurück, und wenn sie aufmucken, zeigt man ihnen, wo der Zimmermann es gelassen hat, sie werden hineingesteckt, und zum Schluß überblicken sie die Reihe dieser Löcher und pfeifen auf dem letzten. In der A c k e r s t r a ß e ist Geburt Fluch; warum sind diese Kinder gerade auch aus diesem gekommen? Ein paar Löcher weiter, und das Assessorexamen wäre ihnen sicher gewesen.«

Dieses negative Bild des Weddings und des Gesundbrunnens scheint unauslöschlich zu sein.

In den Augen vieler Bürger verstärkte sich dieses Bild durch die Unruhe, die im ersten Weltkrieg und nach der Novemberrevolution vom Wedding ausging. Durch die Zerstörungen des zweiten Weltkrieges wurde das Bild jenes Innenstadtbezirkes nicht verbessert, und der unermüdliche Versuch der Aufbauarbeit konnte das Ansehen des Bezirkes ebenfalls nicht verbessern.

Schließlich wurde die Situation durch die Mauer und die Teilung Berlins verschlechtert. Große Teile des Bezirkes wurden von den normalen Verkehrsverbindungen und Kommunikationswegen abgeschnitten. Der Niedergang der Brunnenstraße — jener einst blühenden Hauptgeschäftsstraße — zu einer normalen Hauptstraße mit dem üblichen Verkaufsangebot ist hierfür ein deutliches Beispiel.

Diese negativen Bilder vom Wedding haben sich leider stärker behauptet als die zahlreichen positiven Entwicklungen dieses modernen Verwaltungsbezirkes an der Panke.

Aber auch die Weddinger selber haben es nicht immer so richtig verstanden, die Reklametrommel zu rühren. Liest man die bezirklichen Veröffentlichungen, z. B. anläßlich der Einhundertjahrfeier der Eingemeindung 1961, so wird auch dort weniger auf die positiven Traditionen verwiesen, als seitenlang der Negativsaldo beschrieben. Ein weiteres Beispiel mag der vom Weddinger Bezirksamt 1978 herausgegebene Bildband »Stadtlandschaft und Menschen, Berlin-Wedding« von Michael Schmidt sein. Die brillianten Fotos eines unserer wichtigsten Fotografen zeigen ein Bild vom Wedding, das interessant, aber als Darstellung eines aufstrebenden und traditionsreichen Bezirkes nicht brauchbar ist. Die Bilder zeigen photografisch exzellente Darstellungen der Weddinger Stadtlandschaft ohne Menschen oder Menschen ohne Umfeld. Die Darstellung vergißt, daß eine Stadtlandschaft ein lebendiger Organismsus ist.

Optimistischer war dagegen ein anderes vom Bezirksamt Wedding herausgegebenes Buch, das dem Bürger die zahlreichen kommunalpolitischen Erfolge mit Schwarzweiß- und Farbfotos nahebringen wollte. »Wedding — Stadt in der Stadt« war ein gutes Beispiel, wie man die eigene Leistung offensiv darstellen kann. Ein weiterer überzeugender Versuch, die eigene heimatliche Umwelt und ihre Tradition zu beschreiben, war Wolfgang Niklaus' liebenswertes Büchlein »Geliebter Wedding« mit seinen zahlreichen Geschichten und Abbildungen aus dem Bezirk.

Erfreulich war auch jene kleine Broschüre, die das Bezirksamt im Jahr 1980 unter dem Titel »50 Jahre Rathaus Wedding« herausgab.

Auch der 1983 erschienene Bildband »Wedding — Ein Bezirk von Berlin« gibt ein lebendiges Bild eines aufstrebenden, sich ständig wandelnden Arbeiterbezirkes. Die lebhaften Bilder Werner Kohns und der Aufsatz von Richard Schneider zur Weddinger Geschichte zeigen, wie man einen Bezirk darstellen kann.

Die vorliegende Arbeit ist der Versuch, die Traditionen eines Arbeiterbezirkes in der Hauptstadt Preußens und Deutschlands darzustellen. Es ist die Geschichte jenes fast vergessenen, nutzlosen Brachlandes am Rande der Residenzstadt, das zwangsläufig zur Ansiedlungsfläche für die Armen der Stadt werden mußte. Es ist auch die Geschichte der Bemühungen der Weddinger Bürger, endlich als ein Teil Berlins anerkannt zu werden.

Der Wedding ist auch ein Teil der Geschichte der deutschen Arbeiterbewegung, der nur selten Stoff für Schlagzeilen hergab, obwohl sich alle wesentlichen Entwicklungen markant am Weddinger Beispiel nachzeichnen lassen. Dieser Bezirk hat auch eine interessante Baugeschichte, an der viele allzu achtlos vorübergegangen sind.

In der Politik und im Bauwesen zeigen sich jene Kontinuitäten, an die angeknüpft werden müßte. Diese Kontinuität brachte dem Bezirk vielfach auch den Ruf des Konservativen ein. Allerdings scheint die Stetigkeit der Entwicklung im Wedding auch verloren zu gehen. Diesen Tendenzen entgegen zu wirken, ist die Aufgabe verantwortlicher Kommunalpolitik. Nur die Anknüpfung an Geschichte und Traditionen der Stadtteile können jenes Kiezgefühl schaffen, das einen Bezirk attraktiv macht.

Der Wedding und die Stadt Berlin

Wie der Wedding zu Berlin kam

Der Wedding ist heute der dritte Berliner Verwaltungsbezirk. Und nur wenige werden sich Gedanken darüber machen, wie lange es dauerte, bis dieses Siedlungsgebiet Stück für Stück zu Berlin kam und 1920 ein Verwaltungsbezirk Groß-Berlins wurde. Lange Zeit gab es Streit über die Eingemeindung des Wedding, denn diesen Bezirk wollten die Berliner Stadtväter nicht haben. Der Wedding — das waren vereinzelte Ansiedlungen, die schnell entstanden und wieder von der Landkarte verschwanden.

Das heutige Weddinger Gebiet gehörte dabei durchaus zu den schon sehr frühen Siedlungsgebieten an der Spree und Panke. Grabungsfunde wie Urnen, Scherben, aber auch eine Münze des römischen Kaisers Marcus Aurelius (121—180 n. Chr.) zeigen an, daß es im Weddinger Gebiet schon frühzeitig — wenn auch nur kurze — Besiedlungen gab. Die Kenntnis von diesen Funden, über die Werke der archäologischen Erschließung meistens schweigen*, verdanken wir einer verdienstvollen Arbeit des ehrenamtlichen Bodendenkmalpflegers und Lehrers Günter Wettstädt, der 1974 im Selbstverlag eine kleine Broschüre über die Weddinger Ausgrabungsfunde herausgab.

Terrine aus der jüngeren Bronzezeit; gefunden nördlich der Luisenquelle

Erstaunt können wir der Broschüre entnehmen, daß beispielsweise im Humboldthain bei Erdarbeiten eine Axt aus Feldgestein gefunden wurde. Die Axt wurde der jüngeren Steinzeit zugeordnet.

In den Rehbergen fand man Urnenscherben, Bronzemesserchen ohne Griff, Bronzenägel und andere Kleinteile aus unterschiedlichen Zeitepochen.

---

* So schreibt der Direktor des Museums für Vor- und Frühgeschichte, Adrian von Müller z. B. über den Wedding: »Archäologischer Fundstoff liegt nicht vor.« Dagegen erwähnt Gandert in der »Heimatchronik Berlin« Weddinger Funde.

Am Leopoldplatz konnte eine Urne mit Armringen aus Bronze gehoben werden, die der jüngeren Bronzezeit entstammen sollen. Über diesen Fund war noch 1956 im Schrifttum berichtet worden, doch als Günter Wettstädt 1973 nachforschte, waren die Funde nicht mehr auffindbar.

Anläßlich von Straßenbauarbeiten in der Weddinger Pankstraße hatte Wettstädt 1973 Grabungen durchgeführt, die neben zahlreichen Einzelfunden auch zur Auffindung einer alten Straße führten, die vor etwa 200—300 Jahren angelegt worden war. Sie war mit Schlackeresten aus der Eisengewinnung belegt worden.

Leider sind mit wenigen Ausnahmen alle Funde aus dem Wedding verschollen. Bisher wurde nicht systematisch nach Funden aus jener Zeit geforscht, in der der Wedding erstmals urkundlich Erwähnung fand.

Verkauft für 21 Silbertaler

Auch als der Berliner Raum besiedelt wurde, muß eine Ansiedlung auf dem Wedding vorhanden gewesen sein. Damit dürfte der Wedding zu den ältesten Siedlungen Berlins gehören. Dies ergibt sich aus einer Urkunde, in der der Wedding erstmals genannt wird.

Am 22. Mai 1251 wurde in dieser Urkunde festgehalten:

> *»Im Namen der heiligen unteilbaren Dreieinigkeit Otto, von Gottes Gnaden Markgraf von Brandenburg, allen für alle Zeiten.*
>
> *Die Handlungen der Gegenwart pflegen bisweilen in späteren Zeiten unterzugehen , wenn sie nicht mit Hilfe der Schrift befestigt werden. Darum soll durch die Einsichten dieser Schrift, sowohl den Nachkommen als auch den Lebenden erhellen, wie unser getreuer Friedrich von Kare, Kriegsmann, eine Mühle im Gebiet des Dorfes, welches Weddinge hieß, am Flusse Pankowe gebaut, dem ehrwürdigen Probste Jacob und dem Frauenkloster der heiligen Jungfrauenkirche bei Spandau für 21 Mark Silber verkauft und überwiesen hat.«*

Mit dieser in lateinischer Sprache abgefaßten Urkunde wurde also nur ein Kaufvertrag beurkundet. Für uns aber zeigt dieser Vertrag an, daß das Dorf Wedding bereits nicht mehr existierte! Nur die Mühle hielt sich im Besitz der Spandauer Nonnen noch bis 1558.

1. Weddinger Urkunde vom 22. Mai 1251

Damals begann im Berliner Raum unter der Doppelherrschaft der Markgrafen Johann I. und Otto III. eine umfangreiche Besiedlung, die schon zu den Gründungen von Berlin und Cölln, der Doppelstadt an der Spree, geführt hatte. Die Askanier und ihre Lehnsmänner waren die treibenden Kräfte dieser Ansiedlung.

Die damals entstandenen Dörfer entlang der Spree sowie in ihrer näheren Umgebung bezeichnet Adrian von Müller als Zeichen der frühen Besiedlungspolitik der askanischen Markgrafen auf dem Barnim, die auch den wichtigen Handelsweg nach Polen markierten, dessen Grenzen noch Anfang des 11. Jahrhunderts unter Boleslaw I. Chrobry nahe Berlins lagen.

Nach dieser Darstellung soll der Barnim schon nach 1220 von den Deutschen voll besiedelt gewesen sein, wobei die östlichen Teile noch zur Herrschaft des Köpenicker Fürsten gehörten.

Bis zur deutschen Ostsiedlung, die insbesondere unter Otto I. (962—973) voran getrieben wurde, lebten slawische Stämme in dem Gebiet zwischen Elbe und Oder. Im Zuge der ottonischen Ostexpansion wurden zahlreiche Bistümer, so in Brandenburg und Havelberg gegründet, nachdem die slawischen Stämme besiegt schienen. Otto wollte zeigen, »daß er nicht umsonst Schirmer und Mehrer der christlichen Kirche sei«.

Als Otto II. 982 in Süditalien eine Niederlage erlitt, war die Zeit reif für die unterdrückten Slawen.

Am 29. Juni 983 erhoben sich die Redarier an der Peene. Der spätere Bischof Thietmar von Merseburg, zur Zeit des Aufstandes acht Jahre alt, schrieb darüber in seiner Chronik:

16

»Die Schandtaten begannen am 29. Juni mit der Er-
mordung der Besatzung von Havelberg und der Zerstö-
rung des dortigen Bischofssitzes. Drei Tage später über-
fiel beim Läuten der Prim ein Haufe slawischer Empö-
rer das 30 Jahre vor Magdeburg errichtete Bistum
Brandenburg; sein 3. Bischof Folkmar hatte vorher
noch fliehen können, während an diesem Tage sein
Schirmer Dietrich mit seinen Kriegern nur mit Mühe
entkam. Die dortigen Priester wurden gefangen, Dodi-
lo, der 2. Bischof des Ortes, der von den Seinen erdros-
selt nun schon drei Jahre im Grabe lag, aus seiner Gruft
gerissen, seine Leiche und sein Bischofsornat waren
noch unversehrt; die habgierigen Hunde plünderten sie
aus und warfen sie achtlos zurück. Alle Kostbarkeiten
der Kirche wurden geraubt und das Blut Vieler elendig-
lich vergossen.«

Diese Schilderung zeigt, daß es nicht sehr friedlich zuging in der Landschaft
zwischen Elbe und Oder, auch nicht als die Deutschen im 12. Jahrhundert die
Landschaft wieder besetzten.

Nach der Rückeroberung der Brandenburg durch die Askanier im Jahre
1157 scheint der Barnim dann bis zur Mitte des nächsten Jahrhundert besiedelt worden zu sein. Die alten slawischen Bevölkerungsteile dürften sich in
zahlreichen Gebieten noch lange gehalten haben. Funde, z. B. auf dem Spandauer Burgwall, zeigen im übrigen auch, daß schon die Slawen nicht nur her-
vorragenden Ackerbau betrieben und über gute Handwerker verfügten, sondern auch im Handel bis hin nach Arabien vertreten waren.

Was führte zur Aufgabe des alten Dorfes?

Weshalb das alte Dorf Wedding aufgegeben wurde, dürfte trotz zahlreicher
Spekulationen in der Literatur nicht endgültig zu klären sein. Die Theorien
reichen von Überfällen der Wenden bis zur Annahme, daß das Dorf bei der
Gründung Berlins aufgegeben wurde. Zweifel an dieser letzten Theorie äußer-
te der frühere Berliner Stadtarchivar Ernst Kaeber. Er stellte die Vermutung
auf, daß das Dorf Wedding vielleicht erst gar nicht zu der Entfaltung gekommen ist, wie andere Dörfer in dieser Zeit.

Die Gründe hierfür sah er darin, daß die Bewohner nur wenig fruchtbares
Heideland zugewiesen bekamen. Diese These untermauert Kaeber in seinem
1926 erschienenen Aufsatz unter anderem mit einer weiteren Urkunde, der
zweitältesten schriftlichen Erwähnung des Wedding. Am 14. August 1289

stellte nämlich Markgraf Otto V. der Stadt Berlin eine Urkunde aus, in der er festschrieb,

> »*daß wir deshalb, damit unsere guten Bürger von Berlin für vielfache uns erwiesene angenehme Dienste eines Lohnes sich erfreuen, diesen Bürgern von Berlin das wirkliche Lehngut und den mit dem Hofe auf dem Weddinge verbundenen Lehnstitel auf ewige Zeiten zu besitzen geben und gegeben haben, indem wir auf diese Bürger von Berlin und gleicherweise auf die Stadt selbst alle Rechte und jede Gewalt übertragen, die wir über obengenanntes Lehnsgut gehabt haben.*«

Kaeber nimmt an, daß kaum erst 1289 ein Gutshof an Berlin gelangen würde, wenn bereits zuvor bei der Berliner Stadtgründung das Dorf Wedding aufgegeben worden wäre. Vielmehr spreche die Übertragung, von der man weiß, daß es sich dabei hauptsächlich um Heideland gehandelt hatte, dafür, daß sich die wirtschaftliche Ausnutzung dieses Heidelandes für das Dorf Wedding und seine Bewohner nicht rentiert habe.

Eine Pilgerstraße durch den Wedding

Mit der Übertragung des Gutshofes auf dem Wedding (»up dem Weddinge«) erhielt Berlin erstmals einen Teil des nördlich der Stadt gelegenen Gebietes des Wedding. Die Mühle stand weiterhin im Eigentum der Spandauer Benediktinerinnen, war jedoch später nach einem Bericht aus dem Jahre 1541 nicht mehr in Gebrauch. Im wesentlichen wurde das Weddinger Land von den Berlinern als Ackerland urbar gemacht und genutzt. Dies zeigen auch die Urkunden, die noch vereinzelt vorhanden sind.

So findet sich im Berliner Stadtbuch eine Eintragung vom 26. August 1326, über die der verdienstvolle Weddinger Heimatforscher Bruno Stephan in seinem Standardwerk über den Bezirk berichtet. Im Stadtbuch wurde niedergelegt, daß der Rat von Berlin den Tuchmachern den Zins für die Ländereien auf dem Wedding zum Zweck der Stiftung eines Altars für die Marienkirche erlassen hat. Wahrscheinlich handelt es sich um den 1326 gestifteten Mauritiusaltar, der dem Schutzpatron der Tuchmacher gewidmet war.

Im Jahre 1516 bezeugt das Berliner Ackerregister, daß der Bürgermeister Thomas Freyberg im Wedding ein Stück Land besessen hat, daß »bey der wusten Kirchen gelegen« sei. Durch diese Urkunde erfahren wir auch erstmals, daß es in dieser Zeit auch einmal eine Kirche auf dem Wedding gegeben haben muß, die aber 1516 bereits wieder verwüstet war. Es ist anzunehmen, daß diese Kirche erst im 14. oder 15. Jahrhundert entstand, da sie sonst sicherlich in den früheren Urkunden Erwähnung gefunden hätte. Für diese Annahme spricht auch noch ein weiterer Hinweis. Um 1400 fand sich im Berliner Stadtbuch eine Notiz über einen Pilgerweg, der augenscheinlich durch das Weddinger Gebiet lief. Der sogenannte heilige Blutsweg nach Wilsnack führte offenbar über die heutige Garten- und Gerichtstraße. Bis zu 10 000 Menschen sollen sich zu Pfingsten auf den Weg nach Wilsnack gemacht haben.

Das Dorf Wilsnack wurde im Jahre 1383 in der Mark und darüberhinaus berühmt. Dort hatte ein märkischer Raubritter — Heinrich von Bülow — am 16. August 1383 das ganze Dorf in Brand gesetzt. Verwüstet wurde auch die kleine Kirche. Einige Tage nach dem Brand suchte der Priester in dem Schutt der Kirche nach verwendbaren Gegenständen. Er fand in dem steinernen Altar eine Hostienbüchse, in der sich drei Hostien befanden. Diese geweihten Hostien waren nicht nur unversehrt, sondern sahen so aus, als wären sie von Blut gefärbt. Diesen Fund teilte der Pfarrer dem Bischof von Havelberg — Dietrich Mann — mit, der sich ebenso wie der Bischof von Magdeburg von den Wunderhostien überzeugte. Schon 1384 begannen die Wallfahrten nach Wilsnack. Aus allen Teilen Deutschlands, ja selbst aus Ungarn kamen die Pilger. Die Bauern des Dorfes wurden Gastwirte und Handwerker und verdienten an den Pilgern. Wilsnack wuchs und wuchs. Die kleine Stadt erhielt Mauern und schließlich das Stadtrecht. Die Wilsnacker waren geschäftstüchtig. Theodor Fontane schildert ein prägnantes Beispiel:

»Eines dieser Mittel war die S ü n d e n w a a g e. Jeder wußte mehr oder weniger genau, wieviel er wog; ergab sich nun, daß das Aufsetzen einer entsprechenden Anzahl von Steinen außerstande war, das Gleichgewicht der Waage herzustellen, so rührte das von der Sündenschwere her, deren Extragewicht durch allerlei Gaben balanciert werden mußte. Waren es Reiche, so traf es sich immer so, daß diese Sünden-Extraschwere ganz besonders groß war. Unter der Waage befand sich ein unsichtbar in das Kellergewölbe hinabführender Draht, mit dessen Hilfe man die Waage nachgiebig oder widerspenstig machte.«

Wie heute, so wurden auch damals allerlei Souvenirs verkauft. Fontane schreibt:

»Eine vielleicht noch größere Einnahmequelle bildeten die 'bleiernen Hostien', die man als 'Pilgerzeichen vom Heiligen Blut' in Wilsnack kaufen konnte. Der Ertrag

war so groß, daß nicht nur die Wilsnacker Wunderblut-
kirche, sondern auch eine Prachtkapelle zu Wittstock
(wo der Bischof meist residierte) davon bestritten wer-
den konnte, des gleichzeitigen Dombaues zu Havelberg
ganz zu schweigen.«

Die drei Wunderhostien existierten noch bis 1552, als der erste lutherische Geistliche in Wilsnack, Johann Ellefeld, sie als Teufelswerk verbrannte. Zu diesem Zeitpunkt existierte die Kirche auf dem Wedding bereits nicht mehr. Sie scheint keinen großen Verdienst aus den anreisenden Pilgern gezogen zu haben.

Das Weddinger Gebiet, das 1516 teilweise dem Bürgermeister Freyberg gehörte, wurde 1601 von dem Oberkämmerer Hieronymus Graf Schlick erworben. Es handelt sich um das Gelände an der Wedding- und Reinickendorfer Straße bzw. dem Nettelbeckplatz. Hier legte er einen Gutshof an. Der Kauf wurde 1603 vom damaligen Kurfürsten Joachim Friedrich bestätigt, der den Gutshof noch mit zahlreichen Rechten (z. B. dem Meiereirecht) ausstattete.

Später erwarb der Kurfürst das Gelände selbst. Es wurde in seiner Familie hin und her vererbt, bis es dann zu einem Vorwerk ausgebaut und an Pächter vergeben wurde. Letzteres geschah bereits unter der Regentschaft des Großen Kurfürsten.

Teile des Vorwerks gingen 1766 an Dr. Heinrich Wilhelm Behm. Seine Erben verkauften es an den Holzhändler Johann Gottlieb Schultze, der es selbst 1797 an den Geheimrat Karl Wilhelm Noeldichen weiter veräußerte. Noeldichen verkaufte das Vorwerk 1817 an die Stadt Berlin.

An dieser Stelle ist Interessantes zum Weddinger Vorwerk anzumerken. Das Gutshaus wurde für die Berliner Wohnkultur interessant.

Weddinghof um 1885

Wir wissen, daß noch 1711 verschiedene Stuben nur mit Lehmboden versehen waren, später wurden es Holzdielen, die — bevor sie den auch heute noch üblichen braunen Anstrich erhielten — mit dem Sand aus den Rehbergen gescheuert wurden. 1711 war im Gutshaus nur der Hausflur mit Backsteinen gepflastert.

Als aber der Geheimrat Noeldichen das Gutshaus übernahm, wurde es modern umgestaltet. Schmuckstück des Hauses war eine Papiertapete, wie sie damals in Berlin selten war und aus Paris stammte. Die Tapeten aus dem Weddinger Gutshaus wurden später noch im Märkischen Museum ausgestellt.

Aus den Anfangsjahren des 18. Jahrhunderts datieren auch die ersten Hinweise auf eine Mühle an der Panke.

1708 war der Bau einer Wassermühle am Schönhauser Graben beschlossen worden. Den Auftrag erhielt 1710 der Mühlenmeister Johann Märker. Die Auftragserteilung war mit der Erlaubnis des Bierausschanks verbunden. Ab 1731 wurde die Mühle privat als Papiermühle betrieben. Bis zu 60 Arbeiter soll der Müller Schulze bei der Herstellung der verschiedenen Papiersorten beschäftigt haben. Einer der späteren Besitzer, der Müller Schwiezerburg, erlebte die zweimalige Zerstörung der Mühle durch das Hochwasser der Panke sowie durch einen Brand im Jahre 1794. 1811 soll die Mühle stillgelegt worden sein, 1825 ist sie endgültig abgebrannt.

Auch das neu errichtete Mühlenhaus wurde 1839 ein Opfer der Fluten der Panke, die noch heute bei starkem Regen ihren Wasserstand in kurzer Zeit verdoppelt.

Ein Müller namens Richter baute dann ab 1844 eine Getreidemühle. Dieses Gebäude ist — wenn auch stark verändert — heute noch an der Panke in der Badstraße 40 erhalten und wird hoffentlich in die Umgestaltung des sogenannten Luisenbrunnens aus Anlaß der 750-Jahr-Feier Berlins mit einbezogen.

Die Mühle diente auch den Erfindern der Sage vom Gesundbrunnen, die später noch zu erwähnen ist.

Der Teufel auf dem Wedding?

Bis zur Entdeckung der Heilkraft der Gesundbrunnen-Quelle sagen uns die Quellen wenig über diese Gebiete an der Panke. Im Jahre 1728 wurde berichtet, daß leichtgläubige Bürger Angst bekamen, wenn sie über den Wedding fahren mußten. Im Wedding ging nämlich der Teufel um.

Dies jedenfalls hatte die Müllerstochter Dorothea Steffin in einem Geständnis im letzten Hexenprozeß Berlins angegeben. Sie hatte im Kalandshof, dem Berliner Stadtgefängnis, in dem sie wegen ihres Lebenswandels als Prostituierte eingesperrt worden war, erzählt, daß sie bei einem Spaziergang im

Cautio
CRIMINALIS,
❧ *Seu* ❧
DE PROCESSIBUS
CONTRA SAGAS
.
Liber.
AD MAGISTRATUS
Germaniæ hoc tempore neceſſarius,

Tum autem

Conſiliariis, & Confeſſariis Principum,
Inquiſitoribus, Judicibus, Advocatis, Confeſſariis
reorum, Concionatoribus, cæterisq; lectu
utiliſſimus.

A VCTORE
INCERTO THEOLOGO ROMANO.

RINTHELII,
Typis exſcripſit Petrus Lucius Typog. Acad.
M DC XXXI

Wedding einen vornehm gekleideten Herrn getroffen hatte, mit dem sie schnell handelseinig geworden war. Nach dem vollzogenen Geschlechtsverkehr bezahlte sie der Mann und ging rasch davon. Einige Tage später traf sie den Fremden in Berlin wieder. Auch jetzt wurde man sich schnell einig und beide beschlossen wieder auf den — dünnbesiedelten — Wedding zu gehen. Dort angekommen, eröffnete der Fremde der Steffin, daß er der Teufel sei. Er wolle mit ihr einen Vertrag schließen. An der Aufrichtigkeit des Fremden hatte die einfältige Müllerstochter keinen Zweifel. Der Fremde ließ sich dann stilecht ein Papier mit ihrem eigenen Blut unterschreiben. Dieses Papier steckte er ein. Er selbst übergab der Steffin einen Zettel, auf dem drei Buchstaben standen. Der Fremde erklärte ihr, daß dieses Papier verhindern würde, daß sie beim Stehlen entdeckt würde. Bei soviel Generösität brauchte der »Teufel« natürlich nichts für den anschließenden Geschlechtsverkehr bezahlen. Da der Fremde nunmehr öfter den Kontakt zu der Müllerstochter suchte, entschloß sie sich zur Selbstanzeige. In vielen Ländern hätte diese Anzeige allein bis zum Beginn des 19. Jahrhunderts unweigerlich zur Verurteilung und zumeist zur Hinrichtung geführt.

Die Berliner Richter waren vorsichtiger. Sie schickten einen Geistlichen in Begleitung eines Arztes zu dieser unglücklichen Frau ins Stadtgefängnis. Der Arzt berichtete, daß die Steffin sich bei den Gebeten des Priesters in Krämpfen gewunden habe. Für die Teufelsaustreiber in der damaligen Zeit war dies ein untrügliches Zeichen für die Tätigkeit des Teufels. Bei den Berliner Richtern aber muß die jahrzehntelange Aufklärungsarbeit, die mit Friedrich Spee und seiner Schrift gegen den Hexenwahn des Mittelalters, »Cautio criminalis« (1613), begann, ihre Wirkung nicht verfehlt haben. Auch die preußischen Aufklärer hatten immer wieder auf den Unsinn der Hexenverfolgung hingewiesen.

Viele Richter waren durch die Schriften des Hallenser Staatsrechtlers Christian Thomasius beeinflußt, dessen Wirken mit dazu beigetragen hatte, daß Friedrich Wilhelm I., der Soldatenkönig, 1714 das »Edict wegen Abstellung der Nißbräuch bey denen Hexen Prozessen« erlassen hatte, mit dem die Anwendung der Folter eingeschränkt wurde. Diesem Umstand hatte es die Steffin zu verdanken, daß ihr nicht auf der Folter zahlreiche Geschichten über ihre 'teuflichen' Beziehungen herausgepreßt wurden.

Die Berliner Richter wollten nicht ausschließen, daß sich ein gerissener Mann, die Leichtgläubikeit der Steffin ausnutzend, ein billiges Vergnügen beschafft hatte. Ebensowenig schlossen die Richter psychische Erkrankungen der Inhaftierten aus. Aber auch dem damals noch weit verbreiteten Hexenglauben zollten die Richter Tribut. Die Richter erwähnten vorsorglich auch die Möglichkeit, daß es Verträge mit dem Teufel geben könnte; sie suchten einen Kompromiß. Sie verurteilten die Steffin zu lebenslänglicher Arbeit im Spandauer Spinnhaus. Der König bestätigte das Urteil.

Das weitere Schicksal dieser armen Frau ist nicht bekannt. In Berlin war sich jedoch mancher Bürger nicht so sicher, ob der Teufel nicht vielleicht doch auf dem Wedding sein Unwesen trieb.

Der Gesundbrunnen an der Panke

Bis in die Mitte des 18. Jahrhunderts dachte man, wenn man vom Wedding sprach, an Heidelandschaften, in die ein Vorwerk und landwirtschaftliche Gebäude sowie zahlreiche Äcker von Berliner Bürgern »eingelagert« waren. Die einst vorhandene Kirche war aufgegeben worden. Im wesentlichen war der Wedding ein Land, mit dem man nicht so recht etwas anfangen konnte. Wer damals vom Wedding sprach, meinte das Gebiet um die heutige Weddingstraße. Ein anderes — heute zum Wedding gehörendes — Gebiet belebte sich dann in der Mitte des 18. Jahrhunderts: der Gesundbrunnen.

Die Gegend an der Panke, wo eine Mühle bereits in der ersten Weddinger Urkunde erwähnt wurde, erhielt eine neue Bedeutung. Zum einen, weil die preußischen Regenten in ihrer Nähe ein Jagdgebiet unterhielten, wo sie zunächst auf Fasane und später — nach Verlegung des Gebietes in die Nähe des heutigen Gesundbrunnens — auf Kaninchen Jagd machten. Zum anderen, weil mit der dort vorhandenen Mühle (es war inzwischen eine neue gebaut worden) sich die Sage vom Entstehen des Gesundbrunnens verbindet.

Der Sage nach hatte sich Friedrich I. von Preußen — müde von der Jagd — von der Müllerin einen Trunk mit Wasser reichen lassen, den diese der nahegelegenen Quelle entnahm. Der König habe den Eisengehalt der Quelle entdeckt und den Ausbau befohlen.

Zu finden ist diese Geschichte in der Literatur allerdings erst nach der Eröffnung des Gesundbrunnens in umfangreichen Werbeschriften.

1748 hatte jedenfalls ein Berliner Bürger von der Quelle berichtet, die offenbar durch einige Besonderheiten den Anwohnern bekannt war.

Der Aufschwung begann mit Friedrich dem Großen, der 1751 vom Chemiker Markgraf die Quelle untersuchen ließ. Dieser stellte fest, daß die Quelle durch ihren Eisengehalt und andere salzige Bestandteile den Charakter der Quelle von Eger, wenn auch nicht in der gleichen hohen Konzentration, besaß. 1757 veranlaßte das Oberkollegium Medicum eine neue Untersuchung durch den Stadtphysikus Lesser und die Apotheker Ascheborn und Fabricius. Sie kamen zum gleichen Ergebnis.

Nunmehr wurde es auf dem Wedding oder besser um den Friedrichs-Gesundbrunnen — wie er zur Ehre des Königs genannte wurde — lebendig. Die Quelle wurde noch im gleichen Jahr dem Hofapotheker Dr. Heinrich Wilhelm Behm samt umliegenden Gelände überlassen.

Behm sorgte für eine steinerne Umfassung des Brunnens und ließ zahlreiche Gebäude für etwa 40 Badegäste und das Personal sowie Stallungen und eine Meierei errichten. Mit einem damals enormen Kostenaufwand von 22 000 Talern bepflanzte er 18 Morgen Land u. a. mit 12 000 Bäumen, darunter zahlreichen Obstgehölzen. Damit sich diese Investition rentierte, rührte Dr. Behm kräftig die Werbetrommel. In diese Zeit fällt auch das Erscheinen der Sage über den Gesundbrunnen.

Brunnenhäuschen

1760 erschien die erste Werbeschrift unter dem Titel:

> *»Dr. Heinrich Wilhelm Behms vorläufige Nachricht
> von dem Gesund-Brunnen bei Berlin. Zu haben bei dem
> Gesund-Brunnen, 1760.«*

In dieser Broschüre beschrieb Dr. Behm auch ausführlich die Dienstleistungen seines Unternehmens:

> *»Wir halten einen Bademeister, welcher zugleich ein
> Chirurgus ist. Dieser besorgt die Zubereitung der Bäder
> und dient mit seiner Kunst und Wissenschaft nötigen-
> falls den Badegästen. Es befindet sich in einem Neben-
> gebäude ein Koch, welcher mit Zubereitung der dienli-
> chen Speisen aufwartet. Man kann bei ihm zugleich ein
> gutes Glas Franz.- und Moselwein wie auch ein gut ge-
> gorenes und gesundes Bier bekommen.«*

Man sieht, die Kurgewohnheiten haben sich nicht sehr geändert. Die Werbung des Hofapothekers hatte Erfolg; der Gesundbrunnen belebte sich.

Am 23. Mai 1761 meldete die »Haude und Spenersche Zeitung«, daß inzwischen auch bei einigen Apotheken der Stadt das Brunnenwasser erhältlich sei, das »von Einwohnern in allen Arten von Krankheiten, besonders Gicht, Ausschlag und Fiebern, mit größtem Nutzen bisher gebraucht« wurde.

Durch diesen Brunnen stieg das Ansehen Dr. Behms in Berlin, auch wenn ihm sein Brunnen selbst nicht helfen konnte. Hochgeehrt verstarb Behm am 11. August 1780 — wie die »königl. privilegierte Berlinische Staats- und gelehrte Zeitung« am 17. August 1780 schrieb — »an einer Entkräftung«.

Königlicher Besuch des Brunnens führte schließlich auch zur Anlegung der Brunnenstraße. Diese Straße war zunächst ein Fortschritt und erleichterte das Erreichen des Gesundbrunnens. Allerdings sollte man sich keine übertriebenen Vorstellungen von den damaligen Straßen machen. Wie diese Straßen damals aussahen, schildert anschaulich ein unbekannter Verfasser in seinem »Schattenriß von Berlin 1788«:

>*»So breit und schön auch die Straßen dem ersten Anblicke nach sind, so weiß doch der Fußgänger zuweilen nicht, wie er sich für schnellfahrenden Wagen, für Koth und Gossen hüten soll.*
>
>*(. . .)*
>
>*In der Mitten der Straßen oder auf dem Damme, ist es, bei schlechter Witterung, außerordentlich kothig und in dem Steinpflaster selbst giebt es unzählige Löcher, welches theils von dem sandigen Boden, theils von der unverantwortlichen Nachlässigkeit der Steinsetzer und ihrer Aufpasser herrührt. Die übermäßig großen Steine die zwischen einer Menge kleiner und spitzer Kieselsteine gelegt sind, verursachen, daß man alle Augenblicke Gefahr läuft anzustoßen und zu Boden zu stürzen.«*

Mag dieser Bericht auch zunächst über die Berliner Stadtstraßen geschrieben sein, so läßt er doch vermuten, daß die Landstraße zum Gesundbrunnen nicht anders aussah, obwohl der Kot, den die Berliner teilweise noch in die Gosse kippten, auf der Landstraße glücklicherweise fehlte.

Der Gesundbrunnen wurde eines der Erholungsgebiete der werdenden Großstadt. Ob er auch zu Berlin gehörte, war nicht sicher. Königin Luise schrieb, als sie dem späteren Besitzer des Brunnens, dem Obermedizinalassessor Dr. Flittner, erlaubte, dem Brunnen den Namen 'Luisenbad' zu geben, noch von »dem Gesundbrunnen bei Berlin«. Damals bereits gab es aber den Streit, ob dieses Gebiet zur Stadt Berlin oder zum Niederbarnim gehörte.

Bevor hierüber zu schreiben ist, soll noch erwähnt werden, daß der Brunnen seinen neuen Namen am 12. Juli 1809 erhielt. Es wurde ein Volksfest gefeiert. 500 Gäste tranken und speisten an langen Tafeln an den Ufern der Panke. Der Gesundbrunnen behielt seine Funktion, trat aber bald in den Hintergrund, als zahlreiche Restaurationsgeschäfte diese »Ecke« zum Amüsierviertel Berlins machten. Noch 1861 schrieb Robert Springer in seinem Berlinführer:

> »(. . .) eine Viertelmeile von Berlin (liegt) das Dörfchen Gesundbrunnen, ein Bade- und Vergnügungsort, welcher jetzt besonders durch die Schwendy'sche Bierkellerei beliebt ist.«

Die Kneipen blieben dem Gesundbrunnen erhalten. Noch heute zählt die benachbarte Schwedenstraße auf 500 m über zehn Lokale. Das Bad aber wurde der Industrialisierung und dem dringend benötigten Wohnungen geopfert. Bei Bauarbeiten versiegte die Quelle in den achtziger Jahren des letzten Jahrhunderts, nachdem ein Abwasserkanal in der Badstraße bereits nach seiner Fertigstellung 1869 eisenhaltiges Wasser enthielt. Man hatte die Weddinger Quelle angestochen.

Wo liegt Berlins Grenze?

Der preußische Ökonomiedirektor und Kriegsrat Scheffel hatte bereits 1788 festgestellt, als er die Eingabe eines Försters beantwortete, daß »das Stadtterritorium (. . .) nur, in der Gegend des Weddings, bis an den Fluß« — d. h. die Panke — reicht. Die Frage, wie weit der rechtliche und wirtschaftliche Einfluß der Stadt Berlin außerhalb ihrer Stadtgrenzen reichte, war keine theoretische. Vielmehr hing davon ab, wer welche Steuern — die Akzise — damals zahlen mußte und an wen. Die Eingabe des Försters richtete sich beispielsweise darauf, von der Fixakzise loszukommen, die die Berliner zahlten. Der Weddinger Förster Kühn zahlte nämlich keine Akzise.

Es war deshalb verständlich, wenn die Kurmärkische Kriegs- und Domänenkammer — die gerade auf finanzielle Fragen großen Wert legte — am 28. 1. 1789 beim Magistrat der Stadt Berlin nachfragte, wo sich denn die Grenzen des zur Stadt Berlin gehörenden Territoriums befänden. Kriegsrat Scheffel, der für die Stadt die Antwort ausarbeitete, mußte zunächst einmal feststellen, daß es keine Karten über die Grenzen gab. Bekannt war jedoch, daß die Gerichtsbarkeit für den Wedding und den Gesundbrunnen nicht bei der Stadt, sondern bei dem bereits im 18. Jahrhundert geschaffenen Amt Mühlenhof lag, dem nun eine Bestimmung der Grenzen zugeschoben wurde.

Für den preußischen Staat ging es darum, die Bewohner, die in den Siedlungen vor der Stadt wohnten, steuerlich ähnlich wie die Bürger der Stadt zu behandeln. Gleichzeitig wollte man sich nicht entscheiden, ob diese Gebiete auch rechtlich zur Stadt gehören. Gegen diese Berliner Doppeltheorie sprach zum Beispiel, daß die Regelung des Armenrechts jeweils mit den Grenzen der Gerichtsbarkeit übereinstimmte. Die Berliner waren also in der glücklichen Lage, kein Geld für die Armen außerhalb ihrer Grenzen aufbringen zu müssen, wollte jedoch von den Reichen außerhalb der Grenzen städtische Steuern eintreiben.

Besonders wichtig wurde dieses Problem mit den verlorenen Kriegen gegen Napoleon I. zu Beginn des 19. Jahrhunderts. Bei den Berlinern, die Land vor der Stadt besaßen, stieß es auf wenig Gegenliebe, die städtischen Kriegssteuern mit den Steuern der Landräte des Niederbarnim oder des Teltow zu vertauschen, weil sie auf deren Verwendung keinen Einfluß hatten.

Darüberhinaus kam es zum Streit über Einquartierungen, als der Niederbarnimer Landrat von Pannwitz Einquartierungen in verschiedene an der Chausseestraße gelegene und damit außerhalb der Stadtmauern befindliche Häuser vornehmen wollte, die teilweise Berliner Bürgern gehörten. Auf diese Einquartierungen hatten die reichen Berliner Bürger — im Gegensatz zum Stadtgebiet — keinen Einfluß.

Der Landrat des Kreises Niederbarnim machte daher den Vorschlag, den Wedding und den Gesundbrunnen zu einem Kreis zu zählen, obwohl die meisten Häuser Berliner Bürgern gehörten. Die Stadt Berlin machte den gegenteiligen Vorschlag, den jedoch der Landrat ablehnte.

Eine vorläufige Entscheidung brachte zunächst die Städteordnung des Freiherrn vom Stein vom 19. 11. 1808. Danach gehörten zum städtischen Polizei- und Gemeindebezirk auch die Bewohner der Vorstädte. Als Folge der Städteordnung wurden zahlreiche Weddinger Kolonisten Bürger Berlins. Über diese Kolonisten wird noch zu schreiben sein.

Die Steinsche Städteordnung hatte für Berlin auch die Folge, daß die »bevormundende Stellung der staatlichen Organe« (E. Schmidt) entfiel. Während die Stadt vorher durch den Landesherrn an der kurzen Leine geführt werden konnte, erhielt die Stadtverwaltung mehr Rechte.

Bisher galt das »rathäusliche Reglement der Königlichen Residenz Berlin« vom 21. Februar 1747, die dem König zahlreiche Eingriffsmöglichkeiten ließ. So hatten z. B. der Adel, das Militär und alle Staats- und Hofbeamten die Rechte der Berliner Bürger, waren aber von deren Pflichten befreit. 1795 waren von 156 218 Einwohnern Berlins nur 10 742 städtische Bürger mit allen Rechten *und* Pflichten.

Welche Möglichkeiten jetzt der Stadtverwaltung zur Verfügung standen, zeigte sich für den Wedding am Widerstand der Stadtverordneten gegen die Eingemeindung, die ihrerseits vom preußischen Staat gefördert wurde.

An dieser Stelle sei erwähnt, daß der erste Berliner Oberbürgermeister nach der Steinschen Reform, Leopold von Gerlach, im Wedding auf dem II. Kirchhof der Domgemeinde an der Müllerstraße begraben wurde.

Die Regierung der Kurmark forderte den neuen Berliner Magistrat und die Landräte auf, die Grenzen des Berliner Weichbildes, wie man den Einzugsbereich der Berliner Vororte nannte, festzulegen. Die Stellung des Berliner Magistrats, der damals noch für die Eingemeindung war, war inzwischen im Jahre 1811 geschwächt worden, weil bei der Anlegung der Hypothekenbücher das Stadtgericht feststellte:

> »Das Vorwerk Wedding sowohl als der Gesundbrunnen oder das Louisenbad gehören nicht zum städtischen Territorio«.

Brunnenhäuschen als Restaurant um 1890

1816 einigte man sich endlich. Am 12. 6. 1816 wurde im Amtsblatt der Berliner Regierung das Ergebnis der Verhandlungen veröffentlicht. Danach wurden das Vorwerk Wedding, also die Gegend um den heutigen Nettelbeckplatz, und der Gesundbrunnen zum Berliner Weichbild gezählt. Dieser wurde gleichzeitig Bereich eines besonderen Berliner Regierungsbezirkes. Außerhalb blieb der Plötzensee, den Berlin für 100 Taler gekauft hatte.

Die vermeintliche Ruhe währte jedoch nicht lange. Bereits 1818 gab es wieder Meinungsverschiedenheiten. In den Folgejahren wurde verstärkt die Eingemeindung nach Berlin diskutiert. Je stärker die Diskussion wurde, um so geringer wurde die Neigung der Berliner Stadtväter, den Wedding einzugemeinden.

Die ungeliebte Eingemeindung

Die Berliner Stadtväter wollten die Frage der Eingemeindung nicht mehr alleine entscheiden. Sie informierten und konsultierten die Stadtverordneten. Dort war man zunächst mit einer Ausdehnung der Berliner Stadtgrenzen einverstanden. Dies änderte sich aber schnell; bereits 1825 stellte ein Ausschuß

der Stadtverordnetenversammlung fest, daß bei der Eingemeindung nur erhöhte Ausgaben für Berlin entstehen würden, da die Kriegssteuer für diese Gebiete aufrechterhalten bleiben und Berlin zusätzlich Entschädigungen an die umliegenden Kreise zahlen sollte. 1828 kam als weiteres Argument hinzu, daß man nicht noch die Kosten der Armenpflege übernehmen und die Feuerpolizei Berlins für diese Gebiete außerhalb Berlins einsetzen wollte. 1835 machte man sogar den Vorschlag, die gerade entstandenen Kirchengemeinden St. Paul und Nazareth als eigene Gemeinden zum Kreis Niederbarnim zu schlagen. Argumentiert wurde dabei, daß gerade die Weddinger Gebiete nur ungenügende Steuereinnahmen bringen würden, was man u. a. daran erkennen konnte, daß in der Parochie der St.-Pauls-Kirche 1836 nur 1 200 Seelen gezählt wurden, während Berlin zur gleichen Zeit etwa 300 000 Bewohner aufwies.

Die Bedenken gegen eine Eingemeindung des heutigen Wedding wurden bald von höchster Stelle arg erschüttert. Das Gesetz über die Verpflichtung zur Armenpflege vom 31. 12. 1842 legte den Berlinern gerade die Pflichten auf, die sie durch die Eingemeindung verhindern wollten. Der § 5 dieses Gesetzes hatte dabei einen ganz unscheinbaren Text:

> *»Gutsherrschaften, deren Güter sich nicht im Gemeindeverbande sich befinden, sich zur Fürsorge für die im Gutsbezirk befindlichen Armen in gleicher Weise wie die Gemeinden verpflichtet.«*

Der Wedding, ein Armenhaus

Berlin war — obwohl dieses Gebiet nicht im öffentlich-rechtlichen Sinn zur Stadt gehörte — privatrechtlich seit 1817 der Eigentümer der Ländereien auf dem Wedding. Berlin war also als Gutsherr für die Versorgung der Armen verantwortlich, ob der Wedding nun eingemeindet wurde oder nicht. Mit der zunehmenden Industrialisierung stieg auch sprunghaft die Zahl derer, die in die Stadt zogen und dort ein Hungerleben führten.

Borsig, Woehlert und Schwartzkopff hatten ihre Fabriken in die Gebiete außerhalb der Stadt gelegt. Die Arbeiter, die dort tätig waren und sich auch bald nahe der Fabriken ansiedelten, brachten aber keine Steuern ein. Grundbesitzer, von denen mehr Steuern zu erhalten waren, gab es auch im Wedding nicht viele; 1835 zählte man 411.

Die Armenfürsorge war für die Stadt Berlin stets ein drängendes Problem. Bereits 1725 hatte Friedrich Wilhelm wegen der vielen Armen ein Edikt »Wie

Maschinenfabrik Borsig

31

Die Wahren Armen Versorgt und Verpfleget ...« erlassen müssen. Ein Bericht aus dem Jahre 1846 zählte die möglichen Klienten der Armenfürsorge auf. Danach gab es in Berlin damals 10 000 Prostituierte, 12 000 Straftäter, 12 000 nicht gemeldete Personen, 18 000 Dienstmädchen, von denen ein nicht geringer Teil heimlich der Prostitution nachging, 20 000 arbeitslose Weber, die durch die Einführung der mechanischen Webstühle ihre Arbeit verloren hatten, 6 000 Almosenempfänger, 6 000 arme Kranke, 3—4 000 Bettler, 2 000 Insassen von Strafanstalten, 1 000 Insassen des Arbeitshauses, 700 Insassen des Stadtgefängnisses, 2 000 Pflege- und 1 500 Waisenkinder. Insgesamt waren 95 200 Menschen mögliche Fürsorgeempfänger.

Die Zahlen, die der damalige Chronist zusammentrug, mögen in Teilen übertrieben sein, zeigen aber, daß die Armut und ihre Folgen ein bedeutendes Problem war. Ein Teil dieser Menschen lebte auch in den entstehenden Arbeiterquartieren auf dem Wedding. Für sie mußte nunmehr Berlin sorgen, ob man den Wedding und den Gesundbrunnen eingemeindete oder nicht. Die Regierung regte daher am 9. März 1843 diese Eingemeindung an. Doch die Berliner lehnten ab. Allenfalls einen Teil von Moabit wollte man haben, aber auch hier sträubte man sich, die Kosten für die notwendigen Straßenpflasterungen und den Brückenbau zu übernehmen. Die »Armen- und Verbrecherkolonie« des Wedding — wie sie später von Stadtverordneten bezeichnet wurde — wollte man nicht.

Man besann sich in Berlin darauf, welche Kosten die Eingemeindung noch verursachen würde. Neben dem Straßenbau und deren Beleuchtung kämen die Feuerpolizei, das Schulwesen und viele andere ausgabenträchtige Zweige hinzu, während gleichzeitig das Steueraufkommen der Weddinger gering war.

Die schwierige soziale Situation am Gesundbrunnen wird aus der Geschichte dieses Stadtteils, die Otto Suchsdorf 1891 veröffentlichte, ebenso deutlich, wie die Fadenscheinigkeit der Argumente der Berliner Stadtverordneten. Suchsdorf schreibt:

> *»Schulen besaß die junge Gemeinde noch nicht; die Kinder besuchten teils die Freischule in der Kolonie in der Nazarethgemeinde in der Schulstraße. Erst im Jahre 1837 genehmigte das Königliche Schulkollegium der Provinz Brandenburg die Einrichtung einer Schule speciell auf dem Gesundbrunnen, indem es dem Küster Zumpt an der St. Paulskirche, der vorher Lehrer an einer höheren Stadtschule Berlins gewesen war, die Erlaubnis zur Gründung einer Privatschule erteilte. Dieselbe wurde am 16. Oktober 1837 in einem Mietslokale feierlichst eröffnet, die Städtische Schuldeputation auch die Kinder vieler Armen auf Kosten der Stadt unterrichten ließ. Im Jahre 1848 bestand die Schule noch aus zwei Zimmern für 185 Kinder, von denen nur 29*

auf Rechnung ihrer Eltern am Unterricht teilnahmen,
während die Stadt Berlin für die übrigen 156 Schulgeld
zahlte, ...«

Auch die revolutionären Ereignisse des Jahres 1848 brachten keinen Fortschritt. Vielmehr dürfte das Erscheinungsbild der in den Rehbergen zu Notstandsarbeiten eingesetzten Arbeitslosen die Abneigung der Berliner Bürger gegen eine Eingemeindung eher noch verstärkt haben.

Rebellische »Rehberger«

Die »Rehberger« sind heute fast unbekannt. Lediglich den Gästen des Weddinger Ratskellers dürften sie ein vertrauter Anblick sein. Dort schmückt eine Reproduktion eines Gemäldes von Theodor Hosemann über diese Rehberger die Wand.

In einer 1961 entstandenen Broschüre über den Volkspark Rehberge wird nur über die Notstandsarbeiten berichtet, die einst in den Rehbergen geleistet wurden. Diese Arbeiten waren die Grundlage für die in den zwanziger Jahren erfolgte Errichtung des Volksparkes. Daran aber hatte vor über 130 Jahren noch niemand gedacht. Die Arbeitsbeschaffung war eine Notmaßnahme der Berliner Stadtväter, die nach der Märzrevolution 1848 ein Heer von Arbeitslosen beschäftigen mußten, um die sich bis dahin niemand gekümmert hatte.

Theodor Hosemann: Die Rehberger

1 800 Arbeitslose zogen »vor die Stadt« und begannen, mit umfangreichen Erdarbeiten das Sumpfgelände trocken zu legen. Im Jahre 1852 wurde dann in unmittelbarer Nähe mit dem Bau des Spandauer Schiffahrtskanals begonnen. Weitere Notstandsarbeiten wurden am Plötzensee und auf dem Köpenicker Feld durchgeführt. Der Hauptteil der Notstandsarbeiter war damals im Berliner Norden beschäftigt.

Die Notstandsarbeiter in den Rehbergen waren eine harte Truppe. Wo immer es auch im aufgewühlten Berlin Krawall gab — die Rehberger waren dabei. Kein Wunder, daß sie bald zum Schrecken der Berliner Bürger wurden. Während viele Bürger nur Ruhe und Ordnung wollten, erwarteten diese Notstandsarbeiter von den revolutionären Veränderungen Besserung für ihr Leben. Sie zogen daher häufig in die Stadt, wenn nach ihrer Meinung »de Freiheit in Jefahr war«!

Streckfuß schrieb hierzu in seiner Chronik:

> *»Je weniger an diesen Arbeitsplätzen gearbeitet wurde, je mehr wurde politisch gekanngießert. (...) Alle Parteien bemühten sich, ihnen zu schmeicheln, um die Gunst der schwierigen Fäuste zu erhalten«.*

Die Stadtverwaltung erhöhte schließlich die Löhne, um die Arbeiter ruhig zu halten. Dies führte aber bei den anderen in Privatbetrieben Arbeitenden zu Unmut. Auch diese wollten Lohnerhöhungen erreichen. Arbeiterversammlungen fanden fast täglich in Berlin statt, aber es gab noch keine organisierte Arbeiterschaft.

Für besonderes Aufsehen sorgten die Rehberger am 19. April 1848, als sie mit Hacken und Spaten bewaffnet vor dem Tor erschienen, das die Bürgerwehr besetzt hielt. Am gleichen Morgen war ein Aufruf des »Vereeins sämtlicher Maschinenbau-Arbeiter« Berlins erschienen, der u. a. forderte, daß auch die Arbeiter in die Bürgerwehr aufgenommen werden. Als nunmehr die Rehberger erschienen, glaubte man an Zusammenhänge. Bald stellte sich jedoch heraus, daß sie nur drei Kameraden befreien wollten, die tags zuvor verhaftet worden waren. Nachdem einige Deputationen an das Polizeipräsidium geschickt worden waren, ließ man dort erst zwei und am nächsten Tag den letzten »Rehberger« frei. Die rebellischen Notstandsarbeiter entfernten sich zur Erleichterung der Bürger.

Daß die Rehberger oft mehr auf Krawall als auf die Rettung der demokratischen Ansätze aus waren, zeigt ein Blick auf die revolutionären Ereignisse des Jahres 1848. So nahmen die Rehberger zum Beispiel am Zeughaussturm nicht teil, sondern zogen, als sie an den Toren abgewiesen wurden, um die Stadt. Viel häufiger als durch den Kampf für die Demokratie fielen sie durch Prügeleien mit anderen Arbeitern auf. Man sah sie auch »häufig von Morgens bis zum Abend in drohendem Haufen vor dem Berliner Rathause, Lohnerhöhungen fordernd oder irgendeine Beschwerde führend, wie es Kaeber in seiner Darstellung des Jahres 1848 schrieb.

Durch die Literatur zieht sich in diesem Zusammenhang die Gestalt des 'Lindenmüllers', eines ehemaligen Kaufmanns, der Unter den Linden residierte und der einmal bessere Zeiten gesehen hatte. Der Berlin-Chronist Robert Springer schrieb rückblickend über ihn im Jahre 1850:

> »*Linden-Müller, dessen Reden populär wie Knoblauchwürste und berauschend wie feiner Kümmelschnaps. (. . .) Er zeigte dem Volke Bilder, die es hundert Mal gesehen, er gab ihm Vorstellungen, die allen lebhaft waren, Begriffe, die sie wirklich begreifen konnten. Er reichte ihnen die Politik in verdaulichen Brocken, nachdem er sie in kräftige Berliner Witzbrühe getaucht hatte.*«

Dieser scharfzüngige Volksredner war auch der Nachrichten-Überbringer für die Rehberger, die er auch schon mal zum Eingreifen aufforderte. Diese ließen sich dann nicht lange bitten und zogen nach Berlin.

Weniger bekannt und in der Heimatkundeliteratur nicht zu finden, ist ein anderer Freund der Rehberger, der junge deutsche Revolutionär Gustav Adolph Schloeffel. Schloeffel hatte zahlreiche Verbindungen zu revolutionären Kreisen. Auch sein Vater beteiligte sich an den revolutionären Ereignissen; er wurde in Schlesien zum Abgeordneten für die Frankfurter Nationalversammlung gewählt, wo er der äußerst linken Fraktion angehörte. Sein Sohn gab in Berlin den »Volksfreund« heraus, eine politische Zeitschrift mit dem Untertitel: »Zwangloses Flugblatt, herausgegeben von einer Anzahl Volksfreunde«. Dieses Blatt verteilte Schloeffel kostenlos unter den Rehbergern. Schloeffel führte in seinem Volksfreund eine derbe Sprache, die ihn bald mit den staatlichen Gewalten in Konflikt brachte. Immer wieder erinnerte er an die große Armut:

> »*Vernehmt Ihr sie nicht, Ihr Hartherzigen, in dem durchdringenden Notschrei der Massen, in dem Rufe: 'Brot', 'Brot', 'Arbeit', 'Arbeit'?*«

(Volksfreund Nr. 2, 8. 4. 1848)

Vernehmen sollten seine reichen Mitbürger die Auswirkungen des beginnenden Kapitalismus, der Industrialisierung. Als Schloeffel dann in der Nr. 5 des Volksfreundes das Königstum als ein Unding, die Gesellschaft als faul, die Reichen als engherzig und die Regierung als schlaff und gesinnungslos bezeichnete, griff der preußische Staat zu und verhaftete den damals gerade zwanzigjährigen Studenten. Trotzdem erschien noch die Ausgabe Nr. 6, von Schloeffel im Gefängnis redigiert. Die Verhaftung am 21. April 1848 war der erste Schlag gegen die in den Revolutionstagen annähernd schrankenlose

Pressefreiheit. In Berlin gingen Gerüchte um, daß die Rehberger sich vielleicht des Volksfreundes annehmen könnten. Aber außer einigen Solidaritätsadressen geschah nichts. Am 11. Mai 1848 verurteilte ihn das Berliner Kammergericht zu einer sechsmonatigen Festungshaft, die er bis zu seiner Flucht in Magdeburg verbüßte. Später schloß sich Schloeffel ungarischen Freiheitskämpfern an und kämpfte schließlich mit deutschen Revolutionären. Am 21. Juni 1849 fiel er im Kampf mit preußischen Truppen.

In Berlin schien die Luft aus den revolutionären Ereignissen entwichen zu sein. Der fehlende Aufruhr anläßlich der Verhaftung Schloeffels gab den Konservativen Oberwasser. Das Ende der Revolution in Berlin kam in Sicht. Auch das Treiben der Rehberger endete mit dem Sieg der preußischen Reaktion. Sie wurden zum Bau der Ost-Bahn versetzt.

Der Galgen am Gartenplatz

Nicht nur die Rolle der Rehberger sondern auch eine andere Vergangenheit erschwerte die Diskussion und erleichterte nicht die Entscheidung für eine Eingemeindung des Weddings und des Gesundbrunnens durchzusetzen. Man

erinnerte sich in Berlin noch gut daran, daß nahe dem Gesundbrunnen einst die Hinrichtungen vollzogen wurden.

Dem heutigen Weddinger Gartenplatz sieht man seine blutige Vergangenheit nicht an. Dort, wo sich heute die katholische St. Sebastianskirche neben einem Kinderspielplatz und einem Seniorenheim erhebt, stand noch bis in die Mitte des letzten Jahrhunderts der Galgen der Stadt Berlin. Daher nannte man den Platz früher auch Galgen- oder Gerichtsplatz. Zahlreiche aufsehenerregende Kriminalfälle in Berlin fanden hier ihr Ende, nachdem man Mitte des 18. Jahrhunderts den üblichen dreifüßigen Galgen dort aufgebaut hatte (1752).

Der Galgen hatte zunächst innerhalb der Stadtmauer gestanden und wurde dann abgebrochen, weil sein Anblick die Aussicht aus dem neu entstehenden Schloß Monbijou beeinträchtigte. Man verlegte den Galgen daher in die Nähe der Scharfrichterei, die sich damals bereits auf dem Gelände des heutigen Stettiner Bahnhofs befand. Hier betrieben die Berliner Scharfrichter, die zeitweise auch für die Straßenreinigung zuständig waren, eine Abdeckerei. Zunächst befand sich der Galgen in der Nähe des heutigen Pappelplatzes im Bezirk Mitte, bis er schließlich auf dem heutigen Gartenplatz aufgebaut wurde.

Am 15. August 1786 wurde an dieser Stelle der 28jährige Johann Christian Höpner verbrannt. Er war wegen Brandstiftung in einer Wohnung zum Zweck der Verdeckung eines Diebstahls zum Tode durch Verbrennen verurteilt worden. Vier Jahre später wurde der Schlachtergeselle Johann Christian Lenz als Sühne für einen Mord an zwei Kutschern, die einen Geldtransport durch die Pinnower Heide führten, gerädert und anschließend auf des Rad geflochten.

Diese brutalen Strafen wurden jedoch bereits in »gemilderter« Form vollstreckt, bei der — aufgrund einer geheimen Order Friedrich des Großen vom 11. Dezember 1749 — die Verurteilten bei der Hinrichtung heimlich erdrosselt wurden.

Die Verurteilung erfolgte bereits lange vor der Hinrichtung, da — wie im Fall Höpner — das Urteil noch vom König bestätigt werden mußte. Am Hinrichtungstag selbst wurde dann bis 1800 noch ein sogenanntes »Hochnotpeinliches Halsgericht« veranstaltet, bei dem der Scharfrichter als Ankläger auftrat und eine kurze Gerichtsverhandlung nochmals durchgespielt wurde, die mit der Verlesung des Urteils und dem Zerbrechen eines Stabes — einer altdeutschen Sitte — endete. Diese Zeremonie spielte sich zumeist noch in Berlin ab. Danach wurde der Verurteilte auf einen Wagen gesetzt und unter Militärbegleitung zum Hinrichtungsort gefahren.

Bei diesen Hinrichtungen ging alles sehr öffentlich und sehr pomphaft zu. In der Darstellung der bereits erwähnten Hinrichtung des Raubmörders Lenz schildert ein Augenzeuge die Hinrichtung als Volksfest.

Chodowiecki: Zeitgenössische Darstellung des Strafvollzuges im 18. Jahrhundert

50—60 000 Menschen sollen auf den Beinen gewesen sein. Zahlreiche Händler sorgten für einen Imbiß und Getränke, und sie machten an diesem Tag nicht das schlechteste Geschäft. Andere Verkäufer versorgten die Schaulustigen mit den damals häufig aufgelegten Druckschriften über den Mord und die Mörder. Viele aber wollten der Hinrichtung möglichst dicht beiwohnen. Zu diesem Zweck sollen sogar die zur Absperrung eingesetzten Soldaten bestochen worden sein. Nach den erfolgten Hinrichtungen triumphierte der Aberglaube. So versuchten einige etwas vom Blut des Hingerichteten zu erlangen, weil sie sich irgendwelche Wunderdinge davon versprachen. Dieses öffentliche und für heutige Verhältnisse undenkbare Ereignis war noch bis in die Mitte des letzten Jahrhunderts üblich, obwohl in Preußen die Sensationslust schon bald durch die Behörden gezügelt wurde.

Ähnliches Aufsehen erregte im Jahre 1800 das Rädern einer Kindsmörderin auf dem Gartenplatz. Rädern bedeutete das Zerschlagen des Genicks mit einem Wagenrad durch den Scharfrichter. Bei diesem Fall hatte der Henker seine Kinder mitgebracht, wohl auch, um den ältesten unter ihnen sein »Handwerk« zu erklären. Da diese Kinder aber dem versammelten Publikum die Sicht nahmen, löste dies fast einen Aufruhr aus.

Wie sich aus einer veröffentlichten Scharfrichter-Taxe von 1843 ergibt, erhielt ein Henker für die Arbeit des Rädern 5 Taler, seine Gehilfen 15 Groschen. Für die Anreise bekam er 1 Taler, seine Gehilfen 12 Groschen und schließlich konnte er auch noch einen Taler für die Abnutzung des Rades in Rechnung stellen.

In der Weddinger Heimatkundeliteratur gilt allgemein die Hinrichtung der Witwe Meyer am 2. März 1837 als die letzte Hinrichtung auf dem Gartenplatz. Nach anderen Quellen fanden noch Hinrichtungen im Jahre 1838 statt. Die letzte Hinrichtung geschah nach diesen Quellen im Juni 1839.

Nachdem man sie zuvor unter dem Galgen erdrosselt hatte, wurde die Witwe Charlotte Sophie Henriette Meyer im Alter von 42 Jahren »von unten herauf« gerädert, d. h. es wurden ihr mittels des Rades sämtliche Knochen, angefangen an den Füßen, gebrochen. Die Witwe hatte 14 Jahre vor ihrer Hinrichtung ihrem Ehemann mit einem Fleischermesser die Kehle im Schlaf durchgeschnitten. Auch diese Hinrichtung zog wieder Scharen von Berlinern zum Gartenplatz. Diesmal aber schützte ein Infanteriekommando die Richtstätte; zusätzlich war der Hinrichtungszeitpunkt in den frühen Morgen verlegt worden.

Vor dieser letzten Hinrichtung verzeichneten die Chronisten einen der wohl aufsehenerregendsten Kriminalfälle des Jahrhunderts. Etwa 1810 hatte sich die Horst-Bande, die auch die »Bande des schönen Carl« genannt wurde, in der Umgebung Berlins zusammengefunden. Nach dem Vorbild anderer großer Banden im Rheinland hatte sie zahlreiche Dörfer in Berlins Umgebung in Brand gesetzt, um bei dieser Gelegenheit besser rauben zu können. Betroffen waren u. a. Steglitz, Zehlendorf und Schöneberg. Insgesamt 45 Ortschaften werden in dem Sündenregister aufgezählt. Der Johann Christoph Peter

Extrablatt
zum erſten Berliner Abendblatt.

Rapport vom 30. September.

Geſtern Abend ſind im Dorfe Alt-Schönberg 3 Bauerhöfe mit ſämmtlichen Nebengebäuden abgebrannt. Das Feuer iſt in der Scheune des Schulzen Willmann aufgekommen, und zu gleicher Zeit iſt ein ziemlich entfernter, gegenüber ſtehender Küſternbaum in Brand gerathen, welches die Vermuthung begründet, daß das Feuer angelegt iſt.

Gerüchte.

Ein Schulmeiſter ſoll den originellen Vorſchlag gemacht haben, den, wegen Mordbrennerei verhafteten Delinquenten Schwarz — der ſich, nach einem andern im Publico courſirenden Gerücht, im Gefängniß erhenkt haben ſoll — zum Beſten der in Schönberg und Steglitz Abgebrannten, öffentlich für Geld ſehen zu laſſen.

Rapport vom 1. October.

Zu bemerken iſt, daß bei einem, in Schönberg verhafteten Vagabonden geſtohlne Sachen gefunden worden ſind, welche dem abgebrannten Schulzen Willmann in Schönberg und den abgebrannten Krüger in Steglitz gehören. Dieſes giebt Hofnung den Brandſtiftern auf die Spur zu kommen, deren Daſein die häufigen Feuersbrünſte wahrſcheinlich machen. (Sobald die Redaction, durch die Gefälligkeit der hohen Polizeibehörde, von dieſem glücklichen Ereigniß unterrichtet ſein wird, wird ſie dem Publico, zu ſeiner Beruhigung, davon Nachricht geben.)

Extrablatt
zum 7ten Berliner Abendblatt.

Polizeiliche Tages-Mittheilungen,

Etwas über den Delinquenten Schwarz und die Mordbrenner-Bande.

Die Verhaftung des in den Zeitungen vom 6. d. M. ſignaliſirten Delinquenten Schwarz (derſelbe ungenannte Vagabonde, von dem im 1ſten Stück dieſer Blätter die Rede war) iſt einem ſehr unbedeutend ſcheinenden Zufall zu verdanken.

Nachdem er ſich bei dem Brande in Schönberg die Taſchen mit geſtohlnem Gute gefüllt hatte, ging er ſorglos, eine Pfeife in der Hand haltend, durch das Potsdamſche Thor in die Stadt hinein. Zufällig war ein Soldat auf der Wache, welcher bei dem Krüger La Bal in Steglitz gearbeitet hatte, und die Pfeife des Schwarz als ein Eigenthum des La Bal erkannte.

Dieſer Umſtand gab Veranlaſſung, den Schwarz anzuhalten, näher zu examiniren, und nach Schönberg zum Verhör zurückzuführen, wo ſich denn mehrere, dem ꝛc. La Bal und dem Schulzen Willmann in Schönberg gehörige, Sachen bei ihm fanden.

Bei dieſem erſten Verhöre in Schönberg ſtanden, wie ſich nachher ergeben hat, mehrere ſeiner Spießgeſellen vor dem Fenſter, und gaben ihm Winke und verabredete Zeichen, wie er ſich zu benehmen habe. Dieſes Verhör wurde während des erſten Tumults gehalten, wie der Brand noch nicht einmal völlig gelöſcht war, und niemand konnte damals ſchon ahnden, mit welchem gefährlichen Verbrecher man zu thun habe.

Daß er zu einer völlig organiſirten Räuberbande gehört, geht aus den bekannt gemachten Steckbriefen hervor. Dieſe Bande iſt in der Chur- und Uckermark verbreitet, treibt ihr ſchändliches Gewerbe ſyſtematiſch, und bedient ſich der Brandſtiftung als Mittel zum Stehlen, wenn andre Wege zu ſchwierig und gefahrvoll ſcheinen. Dem Schwarz ſelbſt war beſonders die Rolle zugetheilt, ſich einige Tage vorher in dem zum Abbrennen beſtimmten Hauſe einzuquartieren und die Gelegenheit zu erforſchen. Dann gab er ſeinen Helfershelfern die nöthigen Nachrichten, verabredete Zeit und Ort, ſetzte die Bewohner, ſobald der Brand ſich zeigte, durch lautes Geſchrei in Verwirrung, und benutzte dieſe, unter dem Vorwande, hülfreiche Hand zu leiſten, um Alles ihm Anſtändige über die Seite zu ſchaffen. Dieſe Rolle hat er in Steglitz und in Schönberg mit Erfolg geſpielt.

Daß dieſe Bande auch die gewaltſamſten Mittel nicht ſcheut, um ihre Zwecke zu erreichen, haben die unglücklichen Erfahrungen der letzten Zeit gelehrt. Aber es ſtehen ihr auch alle Arten des raffinirteſten Betruges zu Gebote, und das macht ſie um ſo gefährlicher. Schon aus den Steckbriefen ergiebt ſich, daß jedes Mitglied unter mannichfachen Geſtalten und Verkleidungen auftritt, mehrere Namen führt, und jede Rolle, welche die Umſtände fordern, zu ſpielen vorbereitet iſt. Auch auf Verfälſchungen von Päſſen, Documenten und Handſchriften ſind ſie eingerichtet, und der sub 2 im Steckbrief bezeichnete Grabowsky verſteht die Kunſt, Petſchafte zu verfertigen und nachzuſtechen.

(Künftig werden wir ein Mehreres von dieſer Rotte mitzutheilen Gelegenheit haben.)

Bericht über die Horst-Bande

Horst und seine Geliebte Friederike Delitz wurden gefaßt und zum Tode durch Verbrennen verurteilt. Der Brandstifter Johann Horst war bereits im Oktober 1810 gefaßt worden, hatte sich als »Schwarz« ausgegeben. Über diesen Brandstifter berichtete ausführlich Heinrich von Kleist in seinen »Berliner Abendblättern«:

Bei dem von Heinrich Kleist erwähnten »Schwarz« handelte es sich natürlich um Horst, der sich trotz der Vermutungen in den Abendblättern nicht in seiner Zelle erhängt hatte. Das Urteil wurde am 28. Mai 1813 vollstreckt. Entgegen der vielfach in der Heimatkundeliteratur geäußerten Ansicht fanden die Hinrichtungen nicht auf dem Gartenplatz statt, da dieser zu klein erschien und man außerdem fürchtete, daß die zahlreichen erwarteten Zuschauer die angrenzenden Gärten und Felder ruinieren würden. Daher fand diese Hinrichtung auf einem freien Feld an der Jungfernheide nahe der heutigen Weddinger Grenze statt.

Der Weddinger Galgen wurde dann im Juli 1842, nach anderen Quellen 1843, weggeräumt. Nach den Jugenderinnerungen eines Berliners wurde der Galgen verkauft. »Ein bei der Weberei halb erblindeter Meister kaufte ihn und baute von dem Material auf einer kleinen, schrägüber in der Ackerstraße gelegenen (. . .) Sandscholle ein kleines Wohnhaus« (Zeitler).

Ein anderes Relikt des Galgens war die mit der Scharfrichterei verbundene Abdeckerei. Diese wanderte immer vor der Stadtgrenze her, um die Anwohner vor den Gerüchen zu bewahren. Viele Jahre befand sich die Scharfrichterei auf dem Gelände des heutigen Stettiner Bahnhofs. Etwa 1840 wurde die Abdeckerei auf ein Grundstück hinter der Müllerstraße 146 verlegt, also hinter dem heutigen Rathaus. 1872 verzog die Abdeckerei dann erneut, diesmal zur Müllerstraße 81. 1908 wurde die Arbeit dann wegen der unerträglichen Geruchsbelästigung auch hier eingestellt.

Der Wedding wird Berlinisch

Mit dem Galgen verlor der Wedding auch einen Teil seines schlechten Rufes, aber der Ruf war damit nur ein wenig besser geworden. Trotzdem wollten die Berliner den Wedding weiterhin nicht eingemeinden.

Die Eingemeindungsfrage verschärfte sich, als mit der Städteordnung vom 24. 5. 1853 die Regierung auch gegen den Willen der Beteiligten Änderungen der Kommunalgrenzen verfügen konnte, wenn dies im öffentlichen Interesse lag. Die Regierung nahm zunächst jedoch ein solches öffentliches Interesse zur Beruhigung der Berliner nicht an, obwohl die Polizei zum Beispiel eine Vereinheitlichung der verschiedenen Zuständigkeiten gewünscht hätte.

Der Berliner Magistrat stand in diesen Jahren einer Eingemeindung durchaus positiv gegenüber, denn faktisch war das Berliner Umland bereits ein Teil der Stadt geworden. Unterstützt wurde der Magistrat durch eine Eingabe von Weddinger Bürgern vom 18. 12. 1854. Diesmal lehnte jedoch die Stadtverordnetenversammlung ab. Sie war auch nicht zu überzeugen, als der seit 1851 amtierende Stadtrat Julius Pohle ihnen vorrechnete, daß den Ausgaben von 14 000 Talern etwa 16 000 Taler Einnahmen gegenüberstehen würden. Der Berliner Stadtarchivar Ernst Kaeber schrieb dazu: »Die Angst vor den Ausgaben für Pflasterung, Reinigung und Beleuchtung der Straßen war durch keine Zahlen zu beseitigen.«

Das Durcheinander in Berlin reichte der in Potsdam residierenden Regierung dann endgültig im Jahre 1857. Bestimmt wurde dem Magistrat mitgeteilt, daß es nunmehr »um eine zwangsweise Durchführung der fraglichen Erweiterung« gehe. Die Drohung führte zum Streit zwischen Magistrat und Stadtverordnetenversammlung. Während man sich über die Eingemeindung zahlreicher Orte im Süden Berlins einigte, lehnten die Stadtverordneten die Eingliederung des armen Wedding weiterhin ab. Der Magistrat berichtete entsprechend der Regierung, die trotzdem die Eingemeindung einleitete.

Durch Kabinettsorder wurde am 28. Januar 1860 die Eingemeindung zahlreicher Gebiete beschlossen. Hierzu gehörten auch der Wedding und der Gesundbrunnen. Während sich hierdurch die Fläche Berlins um 70 % vergrößerte, stieg die Bevölkerung nur von 493 000 auf 528 000.

Welche Entwicklungsmöglichkeiten jedoch in dem Gebiet steckten, zeigten die folgenden 15 Jahre, in denen sich die Bevölkerung der eingemeindeten Bereiche um 330 % erhöhte. Bereits 1862 wurden in einem Bebauungsplan die Weichen für die Gestaltung des Wedding und des Gesundbrunnens gelegt. Fabriken siedelten sich verstärkt an. Die dritte städtische Gasanstalt entstand in der Sellerstraße. 1869 wurde mit dem Bau des Humboldthains begonnen und gleich daneben wurde ein Jahr später auf einem 27 ha großen Gelände der Berliner Schlachthof gebaut. Rings um dieses Gelände entstanden die Mietskasernen — wie 1874 der Meyers Hof in der Ackerstraße 132—134.

Zum Zeitpunkt der Eingemeindung war am Gesundbrunnen bereits großer Betrieb. Robert Springer schrieb 1861 in seinem Berlin-Führer, daß das »Dörfchen Gesundbrunnen, ein Bade- und Vergnügungsort« sehr beliebt war. Besonders die Schwendysche Bierkellerei genoß damals großen Zuspruch.

Aber noch nicht alles, was wir heute dazu zählen, gehörte bereits zum Wedding. Der Plötzensee und die angrenzenden Gebiete, z. B. der Jagdgasthof »Schweinekopf«, gehörte damals nicht zum erweiterten Berliner Stadtgebiet. Die Kolonie Plötzensee gehörte zum Forstbezirk Tegel und damit zum Kreis Niederbarnim.

In den Jahren 1889 und 1892 versuchte der Magistrat eine Eingemeindung, scheiterte aber an der Regierung. Als aber der Landwirtschaftsminister die Eingemeindung auch dieses Gebietes wünschte, hierzu gehörte auch das Institut für Gärungsgewerbe und die heutige Hochschulbrauerei, konnte man sich 1915 auf die Eingemeindung des 220 ha großen Gutsbezirkes Plötzensee einigen. Nicht ganz unbedeutend war dabei, daß man 60 ha für den Bau des Westhafens benötigte. Vorläufiger Schlußpunkt war dann am 27. 4. 1920 das Gesetz über die Schaffung von Groß-Berlin, mit dem der Wedding zum 3. Verwaltungsbezirk wurde.

1938 wurde der Wedding wiederum um ein kleines Stück größer. Teile Pankows, nämlich die Straßenzüge links und rechts der Wollankstraße wurden zur Grenzvereinfachung zum Wedding geschlagen. Die Grenze bildete jetzt die S-Bahntrasse. Noch heute kann man an den Straßennamen, die häufig auf Pankower Kommunalpolitiker verweisen, die frühere Zugehörigkeit erkennen.

Seit der Bezirksbildung im Jahre 1920 dauerte es noch weitere 35 Jahre, bis der Wedding ein eigenes Wappen erhielt. Am 26. Oktober 1955 überreichte der unvergessene Innensenator Joachim Lipschitz der Bezirksverordnetenversammlung das Bezirkswappen.

1983 stimmten schließlich die Weddinger Bezirksverordneten zu, daß der Bezirk am Nordhafen einen Teil des Bezirkes Tiergarten erhielt. Die Bezirksgrenze wurde begradigt und Wedding wieder etwas größer.

Weddinger Geschichte im preußischen Staat

Preußens Geschichte ist unter anderem geprägt worden durch die Einwanderungen. Die Aufnahme von Flüchtlingen aus Frankreich, Salzburg und anderen Staaten sollte den preußischen Landen wirtschaftlich helfen. Auch im Wedding zogen Kolonisten ein.

Wie in anderen Orten läßt sich auch im Wedding die Entwicklung an den Chroniken der Kirchengemeinden ablesen. Im Wedding sind hier die beiden ersten Kirchengemeinden beispielhaft, weil sie einen fast vollständigen überblick über diesen Aspekt der Weddinger Geschichte bieten.

Die Weddinger Geschichte wurde nach der Reichsgründung auch durch die Mietskasernen und Fabriken, die wie Pilze aus der Erde schossen, geprägt.

Dementsprechend ist die Geschichte des Weddings auch eine Geschichte der Arbeiterbewegung, die im Wedding einen ihrer Traditionswahlkreise hat, in dem die Parteivorsitzenden wie Wilhelm Liebknecht und Willy Brandt kandidierten.

In den folgenden Kapiteln sollen diese Aspekte der Weddinger Geschichte dargestellt werden. Es ist die Geschichte eines armen Bezirkes in der Zeit des aufblühenden preußischen Staates, der am Ende dieser Blütezeit wie ein Kartenhaus in sich zusammenstürzte. Diesen Zusammenbruch bereiteten auch die Weddinger Arbeiter mit vor.

Kolonisten im Wedding

Nicht nur religiöse Toleranz veranlaßte die preußischen Herrscher, sich Flüchtlinge ins Land zu holen, die aus Glaubensgründen ihre Heimat verließen. Auch wirtschaftliche Gegebenheiten ließen sie willkommen sein.

Bekannt wurden besonders die französischen Hugenotten. Am 29. Oktober 1685 hatte Friedrich Wilhelm, der Große Kurfürst, sein Edikt von Potsdam erlassen, mit dem er den französischen Hugenotten die Aufnahme anbot. Sogleich nach dem Erlaß ließ er sein Edikt drucken und in Frankreich verteilen. Er reagierte damit nur drei Wochen nach der Aufhebung der Religionsfreiheit für die Hugenotten durch das Edikt von Nantes. Viele verfolgte Hugenotten traten den Weg nach Preußen an. Sie wurden die bekanntesten, aber nicht die ersten Flüchtlinge, die Preußen aufnahm.

Bereits kurz nach dem dreißigjährigen Krieg waren niederländische Kolonisten ins Land geholt worden, um die verwüstete Mark wieder aufzubauen.

Hof des Kolonisten Chartron um 1858 (See- / Ecke Liebenwalder Str.)

Jetzt folgten 20 000 Hugenotten, die in den Städten sogar eigene Rechte erhielten.

Auch im folgenden Jahrhundert ging die Ansiedlung weiter. Ab 1732 folgten etwa 20 000 als Salzburg ausgewiesene Protestanten, die hauptsächlich in Ostpreußen angesiedelt wurden. Während die Franzosen oft zur Konkurrenz für die städtischen Handwerker wurden, gab es mit den Salzburgern keine Schwierigkeiten, da diese hauptsächlich in den weiten preußischen Sandwüsten angesiedelt wurden, um diese zu kultivieren.

Bald nach den Salzburgern baten böhmische Protestanten auf Aufnahme in Preußen. Von diesem Wunsch war man in Preußen nicht begeistert, da die Böhmer im Gegensatz zu den Salzburgern arm waren. Schließlich konnten sich aber etwa 2 000 Böhmer in der Umgebung Berlins ansiedeln. Sie erhielten aber keine Unterstützung durch den preußischen Staat. Die Ortsnamen Nowawes und Böhmisch-Rixdorf erinnern noch heute an diese Ansiedlung.

Der Vollständigkeit halber sollten auch noch andere Einwanderer in den preußischen Staat erwähnt werden, da Preußen Arbeitskräfte, Kolonisten und nicht zuletzt Soldaten benötigte. 4 000 Schweizer kamen ebenso wie Pfälzer, Wallonen, Waldenser aus Oberitalien, Slowaken aus Mähren und Protestanten aus dem Tiroler Defreggental.

Später, unter Friedrich II., siedelten dann die Kolonisten auch im Wedding. Der »alte Fritz« wollte die Umgegend des Friedrichs-Gesundbrunnen kultivieren lassen. Er forderte Ausländer auf, an der heutigen Koloniestraße, der Ufer- und Reinickendorfer Straße mit Staatshilfe zu siedeln. Die Bedingungen für die Kolonisten waren nicht schlecht. Grundstück, Haus und Bepflanzung wurden gestellt. Die Gärtner — nur solche wurden gesucht — sollten den heutigen Gesundbrunnen kultivieren. Ab 1781 wurde die Häuser für die Kolonisten errichtet. 1784 waren bereits 24 Wirtschaften tätig.

Der Forschungsarbeit des Weddinger Heimatkundlers Paul Hugo verdanken wir Hinweise auf die ersten Kolonisten, einige der wenig bekannten »Ur-Weddinger«. Obwohl noch umstritten war, ob das Gebiet zu Berlin gehört, wurden die Kolonistenhäuser durch die staatliche Berliner Feuerversicherung versichert. Noch 1811 mußten einige der Kolonisten keine Abgaben an die Stadt Berlin zahlen, da die

»Besitzer auch durchgängig arm sind, so würden auch keine Gebühren anzusetzen sein«.

Diese Feststellung traf am 19. 9. 1811 ein Herr Zimmer in den Akten des Berliner Stadtgerichtes.

Von einem der Kolonisten übermittelt uns Paul Hugo auch eine amtliche Urkunde über die Grundstücksübertragung. Danach erhielt der aus der Ansbacher Gegend stammende Kolonist und Gärtner Johann Georg Thiele 1782 das Grundstück Uferstraße 10, vormals als »Etablissement Wedding No. 10«

bezeichnet. Er erhielt zur Förderung des Obstanbaus 5 Morgen Land, ein Wohnhaus und Nebengebäude.

Das Land war vererbbar, konnte aber erst nach drei Generationen veräußert werden. An diese Bestimmung haben sich aber nur wenige gehalten, wie noch zu zeigen sein wird.

Georg Thiele erhielt Geld und sollte dafür eine Kuh und 4 Schock Obstbäume kaufen. Sechs Jahre soll sein Grundstück lastenfrei sein. Danach sollte Georg Thiele einen Erbzins von 4 Groschen pro Morgen zahlen. Kosten entstanden dem neuen Kolonisten dadurch, daß er sein Haus bei der Feuersozietät versichern mußte. Schließlich enthielt die Urkunde noch eine Beschreibung des einstöckigen 22 1/2 Fuß langen Fachwerkhauses mit Stube, Kammer und Stall.

Paul Hugo spürte dem Schicksal der ersten Weddinger Kolonisten nach. Diese Forschungen ergaben hauptsächlich eine Übersicht über den Verkauf der Grundstücke, und man erfährt die Namen der ersten Kolonisten am Gesundbrunnen.

Bis 1806 besaßen z. B. die Kolonisten Schmidt aus der Uferstraße 7 und Rabending aus der Reinickendorfer Straße 21 ihre Grundstücke, dann verkauften sie sie.

Berichtet wird über den Tod des Kolonisten Klingebeil aus der Uferstraße 12/13. 1803 mußte seine Witwe das Grundstück an die Vorfahren des Heimatkundler Hugo für 825 Rthlr verkaufen.

Ebenfalls mit dem Tod endeten die Besitzverhältnisse am Grundstück Uferstraße 14, als Johann Georg Beugler 1797 starb. Sein Verwandter Gottfried Simon Beugler aus der Reinickendorfer Straße 22/23 starb 1808.

Daß die Kolonisten nicht nur Obst anbauten, sondern auch verarbeiteten, zeigt die Berufsangabe des Eigentümers der Reinickendorfer Straße 55, des

Kolonistenhäuser in der Reinickendorferstr. (1885)

1803 verstorbenen Michael Platen. Der war Destillateur und versorgte die Besucher des Friedrichs-Brunnen auch mit hochprozentigem Obstler. Zahlreiche Weddinger Kolonisten wurden später Bürger Berlins. Beispiele hierfür sind der Sohn des Besitzers der Uferstraße 11 (vormals Wedding No. 9), des 1795 verstorbenen Jacob Beetz. Er wurde am 1. 12. 1812 Bürger Berlins. Am gleichen Tag erhielt auch Joachim Friedrich Struck, der 1796 die Reinickendorfer Straße 28 erwarb, das Berliner Bürgerrecht. Ebenso wurden die Kolonisten Josef Schersick und Johann Georg Jooß Berliner Bürger.

Die ersten Weddinger wurden damit vollwertige Berliner Bürger. Sie hatten nunmehr auch das Recht, ein städtisches Gewerbe auszuüben. Ebenso konnten sie in die Stadtverordnetenversammlung gewählt werden, zumal wenn sie Hausbesitzer waren, was damals 2/3 aller Stadtverordneten sein mußten.

Die Häuser der Kolonisten standen teilweise bis in dieses Jahrhundert. Dann zollten auch deren Eigentümer den steigenden Bodenpreisen Tribut und verkauften, damit eine weitere Mietskaserne entstehen konnte. Die Eigentümer verdienten hieran gut, obwohl im Wedding nicht die Villen entstanden, wie durch die »Millionenbauer« in Schöneberg. Die reichgewordenen Weddinger siedelten nicht mehr im Wedding, der zu anrüchig geworden war. Die Industrialisierung zerstörte die Weddinger Gartenanlagen am Gesundbrunnen. Vielfach leben heute wieder Ausländer in den Häusern der Ufer- und Reinickendorfer Straße. Heute sind es mehr als die knapp 100 Personen, die damals die Weite der Heidelandschaft bevölkern.

Die Gemeinden der Schinkelkirchen

Im Jahre 1835 entstanden auf dem Wedding und am Gesundbrunnen zwei Kirchen, um den dortigen Notstand an seelsorgerischem Beistand abzuhelfen. Sie wurden in ein damals noch fast leeres Gebiet gesetzt. Erbaut wurden beide Kirchen nach den Plänen des königlichen Baudirektors Karl Friedrich Schinkel.

Rings um den Gesundbrunnen wurden im Jahre 1748 nur 36 Personen gezählt, 22 davon im Vorwerk und 14 in der Pankemühle. Im Jahre 1805 zählte man auf dem Wedding einschließlich einer zugehörigen Kolonie 17 Haushalte mit 150 Menschen, während auf dem Gesundbrunnen 23 Haushalte mit 105 Personen wohnten. Die dortigen Bewohner mußten zum Kirchgang entweder nach Reinickendorf oder in die Stadt Berlin gehen. Um 1800 baute man eine Straße nach Tegel, die jedoch nur bis zum späteren Artillerieschießplatz in der Jungfernheide geführt wurde. An dieser Straße (jetzt etwa die Müllerstraße) standen damals nur vier Häuser. 1809 und 1810 errichteten dort zwei Mühlenmeister — Kloß und Streichan — zwei Windmühlen.

Während Kloß eine Holländer-Windmühle nebst Wohngebäude und Ställen in der Müllerstraße 22 baute, stellte Streichan seine Bock-Windmühle etwa in Höhe des Hauses Müllerstraße 155 auf. Streichan errichtete 1819 noch eine weitere Mühle. Dem Beispiel folgten andere Müller, so u. a. Strack in der Müllerstraße 32, Knaack in der Müllerstraße 25, Francke in der Müllerstraße 39; insgesamt gab es 1846 22 Windmühlen im Wedding. Der Wettbewerb zwischen den Mühlen wurde jedoch zu stark, hinzu kam die technische Weiterentwicklung, so daß 1874 nur noch eine Mühle überlebte.

Als die Stadt Berlin große Teile des Wedding im Jahre 1817 für 31 050 Taler erwarb, ohne es eingemeinden zu wollen, da zählte dieses Gebiet 356 Einwohner.

Für den Wedding und den Gesundbrunnen war ebenso wie für das Vogtland die 1713 geweihte Sophien-Kirche in Berlin zuständig. Kirchgänger hatten einen weiten Weg.

Die erste größere Besiedlung des Gebietes erfolgte durch den Bau der Familienhäuser in der Gartenstraße durch den königlichen Kammerherrn Wülfnitz — einem geschäftstüchtigen, die Zeichen der beginnenden Industrialisierung erkennender Mann. Er errichtete fünf große, mit billigstem Baumaterial erstellte Mietskasernen.

Etwa 2 300 Menschen suchten hier den Wohnraum, den ihnen die Großstadt Berlin nicht mehr bieten konnte. Auf die schlimmen Verhältnisse wies der Armenarzt Dr. Thümel in einer Eingabe vom 8. November 1827 hin. Dabei interessierten ihn besonders die religiösen Verhältnisse. Ein kleiner religiöser Verein, der sich in der Gartenstraße 58 b gebildet hatte, und in dem der Weber Siegmund und ein Maurergeselle Andachtsübungen dreimal in der Woche abhielten, ließ die kirchlichen Stellen aufhorchen. Man wollte den religiösen Notstand beseitigen und hoffte damit gleichzeitig die soziale Problematik in den Griff zu bekommen.

Bis dahin stand nur in der Schulstraße seit 1821 ein Schulhaus mit zwei Klassenzimmern und einer Lehrerwohnung an der später danach genannten Schulstraße zur Verfügung. In der Weimarer Republik beheimatete dieses Haus schließlich ein Arbeitsamt und war damit das älteste Berliner Schulhaus, das noch Bestand hatte. Dort führte am 15. Oktober 1821 der Berliner Stadtrat Klein den ersten Weddinger Lehrer Wilhelm Friedrich in sein Amt ein. Er sollte 5 Knaben und 6 Mädchen Rechnen und Lesen beibringen. Andere Gemeinschaftseinrichtungen gab es damals nicht.

Im Jahre 1827 zählte man 226 Wohnhäuser mit 2 217 Einwohnern. Dies stellt gegenüber 1823 eine Verdoppelung dar, denn damals gab es 160 Wohnhäuser mit 1 146 Einwohnern. Auf dem Wedding begann die Industrialisierung voranzuschreiten; man registrierte 1827 sechzehn Fabriken und Mühlen.

Eine seelsorgerische Betreuung war dringlich. Religiosität war ein Bedürfnis der armen Menschen. Dies erkannte bald zwanzig Jahre später der junge deutsche Philosoph und Revolutionär Karl Heinrich Marx, als er in der Einleitung »Zur Kritik der Hegelschen Rechtsphilosophie« schrieb:

»Das religiöse Elend ist in einem der Ausdruck des wirklichen Elendes und in einem die Protestation gegen das wirkliche Elend. Die Religion ist der Seufzer der bedrängten Kreatur, das Gemüt einer herzlosen Welt, wie sie der Geist geistloser Zustände ist. Sie ist das Opium des Volks.«

Diese Sätze sind oft mißverstanden worden, zeigen aber ihre wahre Bedeutung an den konkreten Verhältnissen im Wedding. Der Armut und ihren Bedrängnissen entwichen viele durch ihren religiösen Glauben. Der Wunsch nach kirchlicher Betreuung wurde immer stärker. Am 23. Februar 1828 gab daher Friedrich Wilhelm III. mit einer königlichen Kabinettsorder seine Absicht kund, zwei Kirchen auf dem Wedding und dem Vogtland zu bauen. Bis dahin wurden provisorische Gottesdienste im Schulhaus in der Schulstraße durch den Prediger Ideler und im Invalidenhaus an der Chausseestraße durch den Pfarrer Goßner gehalten.

Der preußische König genehmigte schließlich 1829 den Bau der zwei Kirchen. Die Cholera, die vom August 1831 bis zum Februar 1832 in Berlin und der Umgebung wütete, verzögerte die Ausführung, für die Schinkel bereits Pläne geliefert hatte.

Als Folge der Verzögerung forderte der König von dem evangelischen Bischof Neander einen Bericht über die Situation und Vorschläge für eine Änderung. Dieser schlug vier Kirchen vor. Diesem Vorschlag folgte der preußische Monarch am 21. März 1832. Noch im gleichen Jahr wurden die Grundsteine gelegt. Für die St. Pauls-Kirche, an der Chaussee zum Gesundbrunnen — heute Badstraße — gelegen, wurde der Grundstein am 16. Juni 1832 gelegt. Die Baupläne Schinkels wurden vom Oberbauinspektor Berger ausgeführt.

Die Baukosten von 35 244 Talern, 15 Groschen und 2 Pfennigen zahlte der König aus eigener Tasche, d. h. aus den Einnahmen seiner Ländereien.

Auch für die Nazareth-Kirche zeichneten Schinkel und Berger verantwortlich. Hier war der Grundstein schon im Frühjahr 1832 gelegt worden, nachdem zuvor an der Müllerstraße die Berliner Stadtverordneten ein Gelände von 2 1/2 Morgen zur Verfügung gestellt hatten.

Kurz bevor die Kirchen ihrer Vollendung entgegengingen, legte eine königliche Kabinettsorder vom 10. März 1835 die Grenzen der beiden neuen Gemeinden im heutigen Bezirk Wedding fest. Die St. Paul-Gemeinde reichte von der Reinickendorfer Straße über die Gericht- und Grenzstraße zur Bad- und Brunnenstraße und weiter bis zur Pankower Feldmark und dann bis zur Reinickendorfer Straße. Dieses Gebiet zählte damals 1 200 Einwohner. Die Mietskasernen der Gartenstraße blieben außen vor. Hierfür blieben die alten Berliner Gemeinden zuständig.

Die Nazareth-Gemeinde an der Müllerstraße reichte von der Reinickendorfer Straße und Gerichtsstraße bis zur Reinickendorfer Feldmark und zu den Schießplätzen an den späteren Rehbergen und dem Plötzensee, umschloß

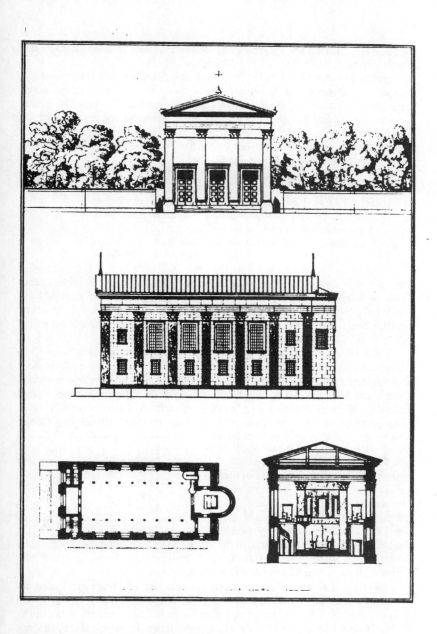

Schinkels Entwurf für die St. Pauls-Kirche

die Fenn- und Torfstraße und reichte schließlich bis zum Invalidenhaus an der Chausseestraße. Hier lebten 1 515 Menschen (1835).

Am 29. Juni 1835 wurde die Nazareth-Kirche dem neuen Kirchenvorstand übergeben und am 5. Juli läuteten erstmals Glocken zu einer Kircheneinweihung auf dem Wedding. Die Amtseinführung des neuen Pfarrers Dr. Blume nahmen der Bischof Dr. Neander und der Superintendent von Sophien Schütz in Anwesenheit des Predigers Bellermann vor. Seine Antrittsrede schickte Pfarrer Blume an den König. Hierüber schreibt er in seiner 1860 veröffentlichten Geschichte der Nazareth-Gemeinde:

> *»Seine Majestät hatte die Allerhöchste Gnade in einem Schreiben vom 13. August 1835 huldvollst zu erwidern:*
> *'Ich habe Ihre Mir übersandte Antrittspredikt gern entgegengenommen, danke Ihnen bestens für Mittheilung und verbleibe ihr wohlgeneigter*
> *Friedrich Wilhelm'«*

Dem Schreiben fügte der König 20 Stück Friedrichs 'd'or bei, dem andere Spenden folgten, so daß für die Gemeinde schließlich 129 Taler zum Ankauf von Bibeln und Gesangbüchern zur Verfügung standen. Aus dem Geld wurde ein Bibelfond gegründet, der auch in den nachfolgenden Jahren den Ankauf von Bibeln und Gesangbüchern für Bedürftige ermöglichte.

Der bei der Amtseinführung anwesende Prediger Bellermann wurde seinerseits am 12. Juli 1835 bei der Einweihung der St. Pauls-Kirche in sein Amt als Pfarrer eingeführt. Pfarrer Bellermann diente seiner Gemeinde bis 1858. Besonderen Wert legte er auf die Registrierung der Kirchengeschichte, so daß uns heute zahlreiche Statistiken über die kirchliche Arbeit vorliegen. So stieg beispielsweise die Zahl der Taufen in dem sich stärker besiedelnden Gebiet ständig an. Gleiches gilt für Trauungen. Den 6 Trauungen des Jahres 1835 standen 52 im Jahr 1860 gegenüber. Die zugezogenen Bewohner müssen ein niedriges Durchschnittsalter besessen haben. Den zahlreichen Taufen stehen zahlenmäßig viel geringere Sterbefälle gegenüber. Aber auch sie stiegen entsprechend

Jahr	Taufen
1835	26
1840	40
1850	100
1860	316

dem Zuzug an, von 10 Todesfällen im Jahre 1835 zu 169 im Jahre 1860. Auch die Konfirmationen nahmen ständig zu. 1836 waren es 23 und im Jahre 1860 wurden 78 der 6 000 Gemeindemitglieder konfirmiert.

1839 konnte Pfarrer Bellermann in das vom Staat finanzierte Gemeindehaus einziehen, das Spötter mit einem preußischen Zollhaus verglichen. Am 2. Dezember 1843 besuchte dann der preußische König Friedrich Wilhelm IV. in den frühen Morgenstunden die St. Pauls-Kirche. Er wurde dabei von seinen zwei Söhnen begleitet. Der Besuch zeitigte Folgen, denn der König finan-

1. Weddinger Schulhaus um 1885

zierte den zwei Jahre später fertiggestellten Anbau für die Orgel. Kurz nachdem im Jahre 1858 dann Pfarrer Bellermann seine Abschiedspredigt hielt, kam der Pfarrer Buttmann aus Zossen zu einer Gastpredigt, die ein solcher Erfolg wurde, daß man ihn zum Nachfolger Bellermanns ernannte. Am 17. Oktober 1858 hielt er seine Antrittspredigt. Buttmann arbeitete bis 1886; nach ihm und Bellermann sind im Gemeindebereich jeweils eine Straße benannt.

Auch in der Nazareth-Gemeinde stieg die Anzahl der Gemeindemitglieder stetig. 1850 mußte eine weitere zweiklassige Schule errichtet werden, nachdem bereits ein Jahr zuvor die vierte Klasse in der Schulstraße eingerichtet wurde. Die Gemeindestatistik der Nazareth-Kirche gibt sogar einen Überblick über die konfessionelle Gliederung der Bewohner. 1 852 Bewohner waren evangelischer Konfession, 119 römisch-katholischer und 6 jüdischen Glaubens.

Jahr	Bewohner
1835	1 515
1846	1 840
1852	3 281
1858	5 231

Durch die Eingemeindung des Weddings und des Gesundbrunnens wurde die Gemeindearbeit umfangreicher, da auch die Bewohner zahlreicher wurden, letztlich auch eine Folge der Ansiedlung neuer Fabriken. In den achtziger Jahren forderte der Gemeindekirchenrat sogar einen weiteren Prediger, weil allein in einem Jahr in der Gemeinde 1 543 Taufen, 573 Konfirmationen, 3 930 Abendmahlsgäste, 420 Trauungen und 833 Beerdigungen durch den Pfarrer und wechselnde Hilfsprediger betreut werden mußten.

Trotz dieser steigenden Zahlen gaben die Gemeinden noch zahlreiche Gläubige an neugegründete Gemeinden ab. 1884 entstand die Dankeskirche mit 12 140 Seelen, gefolgt von der Kapernaum-Kirche im Jahre 1902. 15 000 Gemeindemitglieder erhielt die Stephanus-Gemeinde 1904 von der St-Pauls-Gemeinde, die trotzdem noch über 45 000 Gemeindemitglieder verfügte. 1908 gab die Nazareth-Kirche noch zahlreiche Gläubige an die Ostergemeinde ab und behielt trotzdem weiterhin 60 000 Seelen.

Diese Zahlen verdeutlichen das stürmische Wachstum des Wedding.

Auch die Bautätigkeit der Gemeinden war beachtlich. So erlaubte z. B. der siegreiche Angriffskrieg gegen Frankreich 1870/71 den Bau des Pfarrhauses für die Nazareth-Kirche, da das nötige Geld jetzt zur Verfügung stand. Auch in der St. Pauls-Kirche gab es bauliche Veränderungen. 1890 wurde ein Glockenturm im Stile eines italienischen Campanile errichtet. Zwanzig Jahre später folgte ein Pfarrhaus an der Badstraße, das durch ein sogenanntes Brauthaus mit der Kirche verbunden wurde.

Die Gemeindevertreter waren hauptsächlich Pensionäre, Lehrer und Selbständige. Arbeiter suchte man dort in diesem Arbeiterbezirk vergebens. Obwohl die Einwohnerzahl ständig stieg, reichte der beschränkte Kirchenraum stets aus und die Pfarrer beschwerten sich über den mangelnden Gottesdienstbesuch. Daß ein großer Teil der Bevölkerung keinem Glauben anhing, zeigte bereits die Statistik für das Jahr 1852 in der Nazareth-Gemeinde; annähernd 1 300 Bewohner gaben keinen Glauben an. Diese Abstinenz zeigte sich auch, als die Sozialdemokratie 1878 zum Kirchenaustritt aufforderte. Nur 32 Gemeindemitglieder in der St-Pauls-Gemeinde folgten dem Aufruf der Sozialdemokratie. Dies war keine Niederlage der Arbeiterpartei, die in diesem Bereich stets die Mehrheit der Wählerstimmen erhielt. Vielmehr waren zu diesem Zeitpunkt bereits große Teile der Arbeiterschaft nicht mehr Kirchenmitglieder.

Die Gemeindechroniken geben auch einen Überblick über das Schulwesen im Wedding. So gab es im Bereich der St. Paul-Gemeinde 14 zwischen 1866 und 1884 errichtete Gemeindeschulen, in denen 11 402 Schüler (davon 5 543 Mädchen) betreut wurden. Für diese Schüler standen 140 Lehrer und 107 Lehrerinnen zur Verfügung. Durchschnittlich entfielen daher 46 Schüler auf einen Lehrer. Dieser Durchschnittswert wurde allerdings teilweise erheblich übertroffen; so mußte in der 73. Gemeinde-Schule ein Lehrer 62 Schüler unterrichten.

Der insbesondere am Beginn dieses Jahrhunderts steigende Einfluß der Arbeiterbewegung, die sich in der Kirche nicht repräsentiert fand, läßt sich auch in dem Rückgang kirchlicher Aktivitäten ablesen. Während im Jahre 1900 noch 1 513 Taufen vollzogen wurden, waren es trotz der steigenden Bevölkerung im Jahre 1910 nur noch 975. Ebenso waren die Konfirmationen (907 zu 747) und Trauungen (300 zu 230) rückläufig. Der Rückgang in der kirchlichen Betreuung der Sterbefälle von 1 059 (1900) und 656 (1910) zeigt auch das in diesen Jahren sinkende Durchschnittsalter, obwohl auch nicht alle

Toten mit geistlichem Beistand beerdigt wurden. 1906 trat nur noch in der Hälfte aller Sterbefälle ein Pfarrer auf.

Aus den Gemeindechroniken der beiden Schinkelkirchen ist schließlich noch nachzutragen, daß im Jahre 1893 die neue Nazareth-Kirche in Anwesenheit des Kaiserpaares auf dem Leopoldplatz eingeweiht wurde. Sie war von Baurat Spitta entworfen worden.

Ein Wahlkreis mit Tradition

Im letzten Jahrhundert war der Großteil des Wedding der Wahlkreis VI zum Deutschen Reichstag. Jahrelang konnten die Arbeitnehmer keinen Vertreter im Reichstag stellen, obwohl sie die Mehrheit der Bevölkerung stellten. Erstmals gelang es in Berlin im Wahlkreis VI einem Vertreter der Sozialdemokratie, in den Reichstag gewählt zu werden (Hasenclever). Er blieb nur wenige Monate im Reichstag, da Bismarck das Parlament kurz vor dem Erlaß des Sozialistengesetzes wieder auflöste (1878).

Wilhelm Hasenclever (1837—1889) war Sozialdemokrat der ersten Stunde, der 1871 sogar Präsident des von Ferdinand Lassalle gegründeten Allgemeinen Deutschen Arbeitervereins geworden war, einem Vorläufer der SPD.

Erneut von der Sozialdemokratie erobert wurde der Wahlkreis dann noch während der Unterdrückungsmaßnahmen des Bismarckschen Ausnahmege-

setzes im Jahre 1884 durch den Tischler Wilhelm Pfannkuch (1841—1923) aus Kassel. Pfannkuch kandidierte auch später noch in Berlin und im Wedding, so für die Stadtverordnetenversammlung. 1919 wurde er der Alterspräsident der Weimarer Nationalversammlung.

1884 hatte Pfannkuch zusammen mit Hasenclever für den Wahlkreis VI gekämpft, ihn dann aber nach der Stichwahl im November 1884 übernommen, nachdem Hasenclever ein ihm in Breslau übertragenes Mandat angenommen hatte. Derartige Doppelkandidaturen waren damals noch möglich. 1887 übernahm dann bei der Reichstagswahl diesen für die SPD wichtigen Wahlkreis wieder Wilhelm Hasenclever. Er mußte sein Mandat aber bereits 1888 zurückgeben, da er nervenkrank wurde und gerichtlich entmündigt wurde. Wenige Monate später trug man ihn unter großer Anteilnahme der Berliner Arbeiter auf dem Friedhof der Freireligiösen Gemeinde in der Pappelallee zu Grabe.

In die Lücke sprang Wilhelm Liebknecht, der Mitbegründer der deutschen Sozialdemokratie und Vater des später grausam ermordeten Karl Liebknecht. Vom 30. August 1888 bis zu seinem Tode war dieser große alte Mann der Sozialdemokratie der parlamentarische Vertreter der Arbeiterschaft des Gesundbrunnen. Der Oberpräsident der Provinz Brandenburg und Berlin, Staatsminister Dr. Achenbach, hatte im Juli die Nachwahl für Hasenclever auf den Donnerstag, den 30. August 1888 festgesetzt.

Die »Quelle« berichtete diesmal sehr ausführlich vom Wahlkampf:

So wurde eine Versammlung der Konservativen in der Stettiner Straße vom anwesenden Polizisten geschlossen, als der Tischler Bornemann sich zu Wort meldete und plötzlich die Wahl Liebknechts empfahl.

Die Fortschrittspartei, in deren Veranstaltung immerhin 1 500 Besucher kamen, versuchte sozialdemokratischen Besuch durch strenge Eingangskontrollen auszuschalten und blieb auch unter sich.

Die Sozialdemokraten trafen sich u. a. am 21. August im Meyerschen Saal in der Wriezener Straße 6. Versammlungsleiter war ein Tischlermeister Reinicke aus der Grüntaler Straße. Liebknecht selbst war nicht anwesend. Als ein Diskussionsredner, Baginsky mit Namen, die kaiserlichen Sozialreformen kritisierte, löste der anwesende Polizei-Leutnant die Versammlung auf. Man verließ mit lautstarken Hochrufen auf Liebknecht den Saal.

Am 1. September 1888 stand dann das Wahlergebnis fest. Von den 93 000 Wahlberechtigten waren nur 41 789 zur Wahl gegangen. Davon hatten 26 067 für Wilhelm Liebknecht gestimmt. Der freisinnige Landtagsabgeordnete Kusicke erhielt 7 507 Stimmen. 4 322 Stimmen entfielen auf den für die Antisemiten kandidierenden Dr. Förster. Ein Fabrikdirektor Holtz erhielt weitere 3 847 Stimmen. Liebknecht hatte seine sämtlichen Gegenkandidaten um mehr als 10 000 Stimmen überflügelt.

Diese Anfangserfolge fielen in die Zeit der schwersten Verfolgung der politischen Organisationen der Arbeiterschaft, der Zeit der Bismarckschen Sozialistenverfolgung.

Arbeiter-Bezirksverein
der
**Oranienburger Vorstadt
und des Wedding.**

Statut und Quittungsbuch

№. *114*

für Herrn

Max Zachau

Aufgenommen

am *23 Januar* 188 *4*

Im Mai 1890 wurde beispielsweise ein 15jähriger Weddinger sogar vom Landgericht (!) wegen Verstoßes gegen das Sozialistengesetz — er hatte Flugblätter verteilt — zu 20 Reichsmark Geldstrafe bzw. bei Nichtzahlung 4 Tagen Haft verurteilt. Der Staatsanwalt hatte nur 10 RM beantragt. Das Urteil traf die Familie des Jugendlichen hart, da für Ungelernte der Wochenlohn etwa bei 5 RM lag.

Obwohl sozialdemokratische Versammlungen verboten, Schriften beschlagnahmt und Aktive ausgebürgert wurden, konnten die Kandidaten im Wedding hervorragende Ergebnisse aufweisen. Während Hasenclever im Wahlkreis VI im Jahre 1884 noch 24 258 Stimmen erhielt, stieg der Stimmenanteil 1887 auf 51,5 % (30 453 Stimmen). Wilhelm Liebknecht schraubte dann das Ergebnis noch höher (42 274 Stimmen = 62,2 %). Dieses Ergebnis im Jahre 1890 war das beste der deutschen Sozialdemokratie.

Während der Wahlkämpfe wurde der Sozialdemokratie die Arbeit stets erschwert. Dies galt für die Zeit vor, wie auch für die Zeit nach dem Sozialistengesetz.

Ein Beispiel der Unterdrückung ist in die historische Literatur eingegangen:

In einer Beschwerde an den Berliner Polizeipräsidenten schrieben die Sozialdemokraten Greifenberg und Keitel, daß ihnen der Wirt des Lokals in der Wriezener Straße 6, Frommert, die Abhaltung einer genehmigten Versammlung am 19. Oktober 1876 nicht gestattete. Frommert habe ihnen auf Befragen erklärt, der Polizeileutnant Ancion habe ihn auf das Revier in der Badstraße 8 b bestellt, wo der Leutnant auch seine Wohnung hatte. Dort habe er ihn darauf hingewiesen, daß der Wirt mit einem Entzug der Ausnahmegenehmigung, die ihn berechtigte, über die Polizeistunde hinaus zu öffnen, rechnen müsse, falls die SPD-Versammlung stattfinden sollte.

Außerdem sei ein Schutzmann erschienen, der den Auftrag hatte, eine trotzdem stattfindende Versammlung zu schließen.

Die Sozialdemokraten Greifenberg und Keitel beantragten, den Leutnant zur Rechenschaft zu ziehen.

Der Polizeipräsident erwiderte den beiden in einem Schreiben, daß die Polizei keinen Druck ausgeübt habe, sondern der Wirt habe aus eigenem Antrieb das Versammlungsverbot ausgesprochen.

Dieser Darstellung widersprachen die beiden Weddinger Sozialdemokraten, doch das Polizeipräsidium reagierte zunächst nicht, obwohl die sozialdemokratische Presse den Fall publik machte.

In den Akten, die 1950 entdeckt wurden, kann man jedoch feststellen, daß innerdienstlich durchaus eine Aufklärung betrieben wurde. Der Polizeileutnant Ancion mußte sein Verhalten mit einer schriftlichen, dienstlichen Erklärung rechtfertigen. Er bestätigte mit wohlgesetzten Worten, die mehr verschleierten als sie Aufklärung brachten, die Sachdarstellung der Sozialdemokraten.

Gleichzeitig reichte er aber das Protokoll einer Vernehmung des Wirtes Frommert ein, die drei Tage nach der Beschwerde durch die Sozialdemokraten erfolgte. Wohl unter dem Druck des Polizeileutnants erklärte Frommert nunmehr, daß er aus eigenem Antrieb den Sozialdemokraten den Raum verweigert habe. Ganz allerdings konnte der Polizeileutnant den Gastwirt doch nicht unterdrücken, denn der Wirt sagte in der Vernehmung aus, daß er die Ausführungen des Leutnants so verstanden habe, daß dieser ihm die Lizenz entziehen würde, die ein Öffnen über die Polizeistunde hinaus erlaubte. Der Leutnant konnte mit seiner Erklärung und der nachträglichen Vernehmung dem Polizeipräsidenten beweisen, daß er keinen Druck ausgeübt hatte und trotzdem der »Wink mit dem Zaunpfahl« bereits genügte, um den Gastwirt um seine Existenz zittern zu lassen.

Die Beschwerde der Sozialdemokraten war berechtigt, wurde aber nicht beschieden. Später, während des Sozialistengesetzes, konnte dann die Polizei ohne Begründungen sozialdemokratische Versammlungen schließen.

Das Sozialistengesetz im Wedding

Im Mai und im Juni 1878 wurden zwei Attentate auf den Kaiser vom Reichskanzler Bismarck dazu ausgenutzt, den Reichstag aufzulösen und durch Neuwahlen, die im Juli stattfanden, die Mehrheit für die Verfolgung der Sozialdemokratie zu erhalten. Bismarcks Schachzug war erfolgreich. Im Oktober 1878 wurde das Sozialistengesetz verabschiedet. Für zahlreiche Familien in den Berliner Arbeiterbezirken bedeutete dies ein unsägliches Leid. Die Vorschriften ermöglichten es der Polizei, Sozialdemokraten und solche Personen, die sie dafür hielt, aus dem Land zu verweisen und ihnen Aufenthaltsverbote zu erteilen. Ganze Landstriche wurden mit diesem sogenannten »Kleinen Belagerungszustand« belegt. Zahlreiche Sozialdemokraten kamen außerdem ins Gefängnis. Bereits im November 1878 wurde der »kleine Belagerungszustand« auch über Berlin verhängt. Führende Sozialdemokraten wurden über Nacht ausgewiesen: In Berlin 193, von denen 172 Familienväter waren, die 328 Kinder in einem ungewissen Schicksal zurücklassen mußten. Damit sich die Arbeiter nicht weiter zusammenschließen konnten, wurden ihre Vereine verboten. So der Arbeiterbezirksverein der Oranienburger Vorstadt und des Wedding. Damit auch keine Zusammenkünfte irgendwelcher Art möglich waren, verbot man auch noch gleich sozialdemokratisch orientierte Gesangs-, Sport- und Bildungsvereine, so z. B. in Berlin die Gesangsvereine Brüderlichkeit, Vorwärts und Liederhain.

Den preußischen Soldaten wurde der Besuch jener Lokale verboten, in denen Sozialdemokraten verkehrten. Damit wollte man auch Druck auf die Wirte ausüben. Die Sozialdemokratie rief ihre Mitglieder auf, gerade diese Lokale zu besuchen. Im Wedding waren dies die folgenden Lokale:

Dierfeld, Gartenstraße 63   Fürst Blücher, Müllerstr. 6
Jaedy, Müllerst. 22   Manteuffel, Gesundbrunnen
Pludra, Brunnenstr. 140   Schwiedicke, Sellerstr. 1

Die Berliner Sozialdemokraten ließen sich durch diese Zwangsmaßnahmen nicht einschüchtern. In einem Flugblatt forderten sie ihre Mitglieder auf:

> *»Keine Gewalttätigkeiten, achtet die Gesetze, verteidigt*
> *aber innerhalb des Rahmens derselben Eure Rechte.«*

Die Weddinger Sozialdemokraten trafen sich in dieser Zeit heimlich im »Schweinekopf«, einem Jagdgasthaus am Rande der Jungfernheide, außerhalb der Berliner Grenze. Dorthin wurden auch die in der Schweiz gedruckten Exemplare ihrer Zeitung gebracht, und von dort aus versuchte man, diese Zeitungen in den Wedding zu schmuggeln.

Am Abend des 22. Januar 1887 nahmen drei Sozialdemokraten an einer geheimen Vertrauensmännersitzung im »Schweinekopf« teil. Es waren dies der Gürtler Robert Nauen, der Schlosser Paul Hensel und der Former Otto Lachmann. Auf dem Nachhauseweg versuchte Otto Lachmann den Weg abzukürzen und den mit Eis bedeckten Spandauer Schiffahrtskanal zu überschreiten, aber das Eis brach und er ertrank ebenso wie der ihm zu Hilfe eilende Robert Nauen. Paul Hensel, der Dritte, lief über die Torfstraßenbrücke auf das andere Ufer, um schwimmend zu helfen, da dort noch offenes Wasser war. Aber auch er ertrank, wahrscheinlich weil sich der ertrinkende Nauen zu stark an ihn klammerte. Dieses tragische Unglück erregte sehr die Öffentlichkeit. Hinzu kam, daß Lachmann eine Braut und betagte Eltern, Hensel und Nauen jeweils ihre Ehefrauen und vier bzw. drei Kinder hinterließen.

Bei der Beerdigung, am Sonnabend, dem 29. Januar 1887, folgten tausend Personen den blumenüberhäuften Särgen. Die Polizei, die in großer Zahl erschienen war, verbot jede Rede am Grabe. Als ein Trauernder eine rote Schleife in die Grube warf und einige Worte sprach, wurde er sofort festgenommen. Es war fast ein Wunder, daß die übrigen Trauergäste angesichts dieser Übergriffe nicht ihre Selbstbeherrschung verloren.

Auf diesem Grabe am Plötzensee errichteten die Parteifreunde der drei Toten am 14. Juni 1887 einen etwa drei Meter hohen Obelisken aus böhmischem Sandstein, der unentgeltlich hergestellt wurde.

Erst den Nationalsozialisten war es vorbehalten, diese stets gepflegte Grabstätte einzuebnen und damit in ihrem grenzenlosen Haß auf die Sozialdemokratie auch die Toten nicht ruhen zu lassen.

Im Jahre 1979 fragte die SPD-Fraktion in der Weddinger BVV fragte nach dem ursprünglichen Standort und bat darum, an dieser Stelle einen Hinweis auf die Gräber und ihre Bedeutung für die Weddinger Geschichte anzubringen. Seither ist nicht viel geschehen.

Der Tod jener drei Sozialdemokraten hat sich im übrigen auch in der Weddinger Heimatkundeliteratur niedergeschlagen. Hier ist er allerdings zur Legende geworden. Danach waren die drei Arbeiter dabei, illegale Zeitungen in den Wedding zu schmuggeln und begegneten dabei Polizisten, denen sie ausweichen wollten. Sie seien dabei auf der Flucht vor den Häschern ertrunken.

Diese Legende läßt sich sicherlich nicht mehr aufrechterhalten, wenn man die eingehende, 1907 gefertigte Darstellung liest, die der große sozialdemokratische Theoretiker Eduard Bernstein in seiner Geschichte der Berliner Arbeiterbewegung gab; sie ist aber auch ein Zeichen, daß die harten Verfolgungsmaßnahmen niemanden an dieser Legendenbildung zweifeln ließ, denn die Realität war häufig brutaler als diese Legende.

Die Aufhebung des Sozialistengesetzes nach dem Sturz Bismarcks im März 1890 beendete aber nicht die Auseinandersetzungen um die Demokratisierung und soziale Verbesserung der Lebensbedingungen der Arbeiter.

Noch vor dem Ende der Sozialistenverfolgung wurden die Weddinger an die Naturgewalten erinnert, die ansonsten in unserer Gegend selten zu Katastrophen führen.

Am 7. April 1888 meldete die »Quelle«, daß durch eine Überschwemmung der Panke ein Haus — ein Pferdestall — in der Schulzendorfer Straße 8 einstürzte. Schließlich mußte wegen der Einsturzgefahr auch der rechte Seitenflügel des Hauses Müllerstraße 1 geräumt werden. Der Hochwasserstand war derart ungewöhnlich, daß dies Kenner besonders hervorhoben. Auch die Spree soll damals einen Wasserstand erreicht haben, wie er zuletzt 1830 verzeichnet wurde.

Zahlreiche Weddinger wurden aber durch die Überschwemmung der Keller geschädigt. Kellerwohnungen waren unbenutzbar.

Für die Opfer der Überschwemmung veranstaltete eine Woche darauf der Theaterverein »Delice« in Schulzens-Saal in der Stettiner Straße 56—57 eine Wohltätigkeitsveranstaltung.

Einen Monat später, zu Pfingsten, gab es andere — erfreulichere — Probleme. Die »Berliner« waren wieder in den Wedding eingefallen. In den zahlreichen Lokalen rings um den Gesundbrunnen tummelten sich an beiden Feiertagen 60 000 Berliner (!), die eine »Landpartie« zum Gesundbrunnen machten.

An jedem Feiertag waren die Weddinger froh, die Eindringlinge wieder loszuwerden, obwohl sie natürlich auch Geld brachten. Die Lokale gehörten nach den Feiertagen wieder den Weddingern.

Der Bierboykott

Die Arbeiter im Wedding wie in den anderen Teilen Preußens waren darauf angewiesen, ihre Erfahrungen durch Zeitungen und in Versammlungen sowie auf gemeinsamen Treffen auszutauschen. Gerade aber diese Gemeinsamkeit wurde im preußischen Staat immer wieder bekämpft. Zeitungs- und Versammlungsverbote gab es ständig, auch nach dem Ende der Sozialistengesetze. Daher spielten Zeitschriftenläden und Kneipen in der Geschichte der Sozialdemokratie eine besondere Rolle.

So kann man in den Archiven und Publikationen aus diesen Jahren Flugblätter finden, in denen Arbeiter z. B. Zeitschriftenhändler genannt wurden, bei denen Arbeiter gewerkschaftliche und sozialdemokratische Zeitungen und Literatur erwerben konnten. Im Wedding waren das die Zeitschriftenhändler Stolzenburg in der Wiesenstraße 14 und Gaßmann in der Grüntalerstraße 62. Diese Zeitschriftenläden waren als Filialen der SPD-Vertriebsorganisation ausgebaut. Schwieriger hatten es die Arbeiter mit den Lokalen. Nicht in jedem Lokal konnten sie sich versammeln. Deshalb setzte die SPD eine »Lokalkommission« ein, die eine Liste jener Kneipen aufstellte, wo die Arbeiter zu politischen oder gewerkschaftlichen Versammlungen gern gesehen wurden. Im Wedding waren dies Lokale, die kaum noch jemand kennt: die Adler-

Brauerei am Gesundbrunnen, das Lokal Schröder in der Müllerstraße 178 und Weimanns Volksgarten in der Badstraße 58.

Trotz der Bedeutung der Lokale für die Arbeiterbewegung kam es zu einer einmaligen Aktion, einem Bierboykott, als es nach dem 1. Mai 1894 zu einer Auseinandersetzung in der Brauereiindustrie kam. Am 1. Mai 1894 waren die organisierten Böttcher der Arbeit ferngeblieben und wurden deshalb ausgesperrt. Die anderen Brauereiarbeiter solidarisierten sich mit ihnen und streikten daraufhin. Verhandlungsangebote der Gewerkschaften wurden durch den Brauereiring, dem Zusammenschluß zahlreicher Großbrauereien, abgelehnt. Am 17. Mai 1894 wurde daher durch den »Vorwärts« den Berliner Arbeitern der Vorschlag unterbreitet, kein Bier der sieben betroffenen Brauereien, u. a. der Schultheiss Brauerei, zu trinken. Dieser Vorschlag wurde weitgehend in die Tat umgesetzt. Im Wedding, wie in anderen Bezirken, gingen sogenannte Bierschnüffler durch die Lokale und wiesen daraufhin, daß kein »Ring«-Bier getrunken werden sollte. Die Agitation war sehr erfolgreich, denn bald begannen die betroffenen Gastwirte bitter über den Boykott zu klagen. Die übrigen Lokale brauchten sich derweil um die Kundschaft nicht zu sorgen. Im Wedding war durch den Boykott besonders die Adler-Brauerei betroffen, die gleichzeitig ein Treffpunkt der Weddinger Arbeiter war. Die Brauerei verlor einen Großteil ihres Publikums. Den Gewerkschaften kam zudem das Wetter zu Hilfe. Die Brauereien hatten darauf gesetzt, daß man im Sommer schon wieder Durst verspüren würde, aber das Wetter blieb schlecht und der Bierkonsum sank ständig.

Schließlich stimmten die Brauereien einer Vereinbarung zu, die als Sieg der Gewerkschaften angesehen wurde. Quasi als Weihnachtsgeschenk wurde der Bierboykott aufgehoben. Am 24. Dezember 1894 floß in zahlreichen Lokalen, die sich in der Brunnen- und Badstraße befanden, wieder das Bier. Damals gab es auf den 67 Grundstücken der Badstraße allein 40 Gaststätten! Sie sollten in der Folgezeit noch zahlreiche Auseinandersetzungen erleben.

Vorwärts

Zentralorgan der sozialdemokratischen Partei Deutschlands.

Sonnabend, den 29. Dezember 1894.

Auf Grund der in den gestrigen Volks-Versammlungen gefaßten Beschlüsse*) ist der
Bier-Boykott für Berlin und Umgegend aufgehoben.

Die Roten Häuser

Das preußische Dreiklassenwahlrecht war Schuld daran, daß die Häuser in der Prinzenallee 46a berühmt werden konnten. Sie gingen als die »Roten Häuser« in die Kommunalgeschichte ein.

»Rote« Häuser, Prinzenallee 46a—h (1946)

Durch das Dreiklassenwahlrecht, das die Gewichte der einzelnen Stimmen nach dem Steueraufkommen des Wählers festlegte, konnte die kleine Zahl der Großverdiener (4 % der Bevölkerung) ebensoviele Abgeordnete stellen, wie die 3. Klasse, die am wenigsten verdienenden Wähler. Darüberhinaus mußten bei den Wahlen für die Stadtverordnetenversammlung in Berlin die Hälfte der Stadtverordneten Hauseigentümer sein.

Über die damaligen Steuerverhältnisse auf dem Wedding und im Gesundbrunnen liegen auch Daten vor. Sie beziehen sich auf die Wahlbezirke Putbusser Straße (Nr. 860) und Gerichtstraße (Nr. 1070 und 1071). Die nachfolgende Aufstellung zeigt die Anzahl der Wahlberechtigten in den jeweiligen drei Klassen des preußischen Wahlsystems und den jeweils höchsten Steuersatz im Jahr in RM.

Nr.	1. Abteilung		2. Abteilung		3. Abteilung	
	Höchster Steuersatz in RM	Anzahl d. Wahlber.	H. S.	A. d. W.	H. S.	A. d. W.
860	43	22	12	59	6	124
1070	1394,4	5	388,4	17	60	333
1071	522	4	296	81	6	242

Die Zahlen verdeutlichen, daß in den beiden ersten Abteilungen nur wenige Wähler über die Vergabe eines Abgeordnetenmandates entschieden. Insgesamt konnten 31 Wähler der ersten Abteilung einen größeren Wahleinfluß ausüben, als 699 Wähler der letzten Abteilung. Die Statistik zeigt auch, daß nahe der Gerichtstraße, insbesondere hin zur Müllerstraße noch manchmal ein begüterterer Zeitgenosse wohnte. In die Gegend der Putbusser Straße verirrten sich solche Menschen nicht.

Damit waren die Arbeiter nur beschränkt in der Lage, in das Stadtparlament gewählt zu werden.

Listig fand daher ein wohlhabender Sozialdemokrat einen Ausweg. Es war der Verlagsbuchhändler Hugo Heimann, nach dem im heutigen Wedding eine Brücke und eine Bücherei benannt sind.

Hugo Heimann wurde 1859 geboren, besuchte das renomierte Gymnasium »Zum grauen Kloster« und erlernte den Beruf eines Buchhändlers. Mit 31 Jahren war er bereits Eigentümer der Gutenbergschen Verlagsbuchhandlung. Einer größeren Öffentlichkeit wurde er bekannt, als er — nach langer Vorarbeit — am 26. Oktober 1899 die »erste öffentliche Bibliothek und Lesehalle zur unentgeltliche Benutzung für jedermann« einrichtete. Die Bibliothek betrieb er bis in die Zeit der Weimarer Republik und übereignete sie dann kostenlos der Stadt Berlin.

Schon frühzeitig engagierte sich Heimann für die Sozialdemokraten. Seit 1900 war er Mitglied der SPD-Fraktion in der Stadtverordnetenversammlung, deren Vorsitz er später übernahm.

Damit auch andere Sozialdemokraten Mitglied des Stadtparlamentes werden konnten, erwarb er 1901 das Grundstück Prinzenallee 46a, daß noch 1897 als Baustelle ausgewiesen war, und ließ dort acht kleine Häuser, bestehend aus zwei Zimmern, Küche, Bad und Vorgarten, erbauen. Die Häuser und Grundstücksteile übereignete er den jeweiligen Kandidaten für die Stadtverordnetenversammlung. Offiziell wurden die Häuser verkauft; es gab nie Schwierigkeiten, wenn die Hauseigentümer das Eigentum zurückgaben. Eigentümer waren u. a. in den verschiedenen Jahren:

— Karl Liebknecht, der Sohn des SPD-Führers Wilhelm Liebknecht; er machte sich als Rechtsanwalt vor dem Berliner Kriminalgericht einen Namen, (Nr. 46f);
— Paul Singer, einer der populärsten Berliner Reichstagsabgeordneten, (Nr. 46b);
— Fritz Zubeil, der Expedient des Vorwärts-Verlages;
— Wilhelm Pfannkuch, der spätere Alterspräsident der Weimarer Nationalversammlung (Nr. 46a);
— Eduard Bernstein, der sozialdemokratische Theoretiker;
— der Arzt Dr. Hermann Weyl, sowie die Sozialdemokraten Ritter, Schulz, Fischer, Sassenbach, Bergmann, Wengels, Dittmer und Schneider.

Verwalter der Häuser war der Schmied Emil Basner, der im Haus Nr. 46a auch die Central-Krankenversorgung der Schmiede vertrat. Aus dem Stadtadreßbuch des Jahres 1910 kennen wir auch die Bewohner und ihre Berufe. Es waren in den Häusern der Prinzenallee Nr.
46a: Schmied Emil Basner, Kassenbote Gneschke und Schlosser Rohde;
46b: Modelltischler Dietrich, Metallarbeiter F. Schacke;
46c: Schlosser Malchow;
46d: Metallarbeiter Nowacki;
46f: Pensionär Chwalczyk;
46g: Weißgerber Machts und Zigarrensortierer Ostwald und
46h: Witwe Hoffmann und der Holzarbeiter Künecke.

In den Weddinger Bauakten findet sich folgendes Dokument:

»Königliches Amtsgericht   Berlin C 2, 31. Oktober 1901
Abt. 119   Jüdenstr. 35

Das in Berlin, hinter Prinzenallee No. 46a belegene, im Grundbuch von den Umgebungen Berlins im Kreise Nieder-Barnim, Bd. 31. Bl. 1611, bisher auf den Namen des Buchhändlers Hugo Heimann, hier, eingetragene Trenngrundstück, Kartenblatt 24, Parzellen No. 2129/36 und 2120/36 von 1 ar 95 qm ist auf Grund der Auflassung vom 28. Oktober 1901 am 31. Oktober 1901 auf dem vorbezeichneten Grundbuchblatt abgeschrieben und auf das Grundbuchblatt Band 123, Blatt No. 4658, des Grundbuches übertragen worden. Als Eigentümer ist auf diesem Grundbuchblatt eingetragen: Rechtsanwalt Dr. Karl Liebknecht, Kaiser-Wilhelm-Str. 19.«

Dr. Karl Liebknecht war bereits im Sommer 1901 für die Stadtverordnetenversammlung im 32. und im 45. Wahlbezirk nominiert worden. Mehrfach trat er auf Versammlungen dieser Wahlkreise auf. So erläuterte er im 32. Wahlbezirk am 15. Oktober 1901 das sozialdemokratische Kommunalprogramm und forderte ein allgemeines, gleiches und geheimes Wahlrecht, die Selbstverwaltung der Gemeinde und die Weltlichkeit aller Schulen. Im 45. Bezirk sprach er während des Kommunalwahlkampfes einmal vor 1 000 Teilnehmern. Liebknecht wurde im 32. Wahlbezirk mit 2 568 der 2 800 abgegebenen Stimmen und im 45. Wahlbezirk mit 1 364 der 2 572 gültigen Stimmen gewählt. Er nahm die Wahl im 45. Wahlbezirk an, da das erheblich bessere Ergebnis im 32. Wahlbezirk einem anderen Kandidaten der SPD bei einer Nachwahl größere Chancen ließ. Am 2. Januar 1902 nahm er seine Tätigkeit als Stadtverordneter auf, die er bis 1913 ausübte. Die »roten Häuser« erfüllten ihre Funktion bis zum Ende des undemokratischen preußischen Wahlrechts. Sie wurden im 2. Weltkrieg im wesentlichen zerstört, der Rest wich später einer Neubebauung durch den Vaterländischen Bauverein.

Die Revolution im Wedding

Nach der Jahrhundertwende und als Nachfolger des Altmeisters der SPD, Wilhelm Liebknecht, wurde im Jahre 1900 eine der farbigsten Persönlichkeiten der deutschen Arbeiterbewegung zum Reichstagsabgeordneten des Wedding gewählt: Georg Ledebour.

Er konnte seinen Wahlkreis bis zu den revolutionären Ereignissen des Jahres 1918 behaupten. Es waren schwere Zeiten, in denen Georg Ledebour dem Reichstag angehörte. Der 1914 begonnene Krieg führte nicht nur zum Streit zwischen Ledebour und seiner Partei, da er gegen die weitere Bewilligung der Kriegskredite war, er hatte auch besondere Opfer für die Bevölkerung seines Wahlkreises mit sich gebracht.

Die Weddinger spürten die Folgen des Krieges sehr bald. Die Firmen hatten ihre Produktionsmöglichkeiten erweitert, um auf die Kriegsaufträge vorbereitet zu sein, wie dies beispielsweise die Firma Schwartzkopff ausdrücklich feststellte. Auch die Militärs waren vorbereitet. Die Mobilmachungsarbeiten waren, wie Graf Waldersee 1919 bestätigte, bereits ein Vierteljahr vor der Krise des Jahre 1914 abgeschlossen und noch einen Monat vor der Ermordung des österreichischen Thronfolgers beantragte der deutsche Generalstabschef von Moltke einen Präventivkrieg. Waren die regierenden Kreise auf den Krieg vorbereitet, so merkten die Bürger bald die Auswirkungen. Zwischen dem Mai 1914 und dem Mai 1915 steigen die Lebensmittelpreise erheblich. Die Steigerungen betrugen nach der Angabe der Weddinger Zeitung »Die Quelle« vom 21. 7. 1915:

- bei Kartoffeln 96   %
- Erbsen   209,8   %
- Linsen   191   %
- Vollmilch   15   %
- Butter   43   %
- Eier   61   %

Gerade die Preissteigerungen für diese einfachen Lebensmittel trafen die Weddinger Arbeiter schwer. Bereits im November 1915 wies daher, wegen zahlreicher Protestaktionen, das Oberkommando der Marken auf die bestehenden Beschränkungen für öffentliche Veranstaltungen hin. Die Weddinger Zeitung »Die Quelle«, nationalkonservativ ausgerichtet, erschien stets mit den neuesten Meldungen vom Kriegsschauplatz als Aufmacher. Die Anzeigenseiten waren gefüllt mit Aufforderungen an das begüterte Bürgertum, Kriegsanleihen zu zeichnen. Im Juli 1916 sank die wöchentliche Fleischration auf 250 g und im September des gleichen Jahres gab es pro Woche nur 60 g Butter.

Auf einer Versammlung des VI. Wahlvereins sprach sich im Juni 1915 der linke Sozialdemokrat Hermann Dunker für ein baldiges Kriegsende aus. Mit anderen sozialdemokratischen Organisationsgliederungen forderten die Weddinger Sozialdemokraten 1916 eine Generalversammlung der Berliner Sozialdemokraten. Diese fand am 31. März 1916 statt und führte zu »Meinungsdifferenzen«, wie es in einem Bericht hieß. Die Arbeiter wollten nicht mehr alles mitmachen. Antikriegsdemonstrationen und Streiks zeigten den Stimmungswandel an. Als Karl Liebknecht am 1. Mai 1916 auf einer solchen Demonstration ruft: »Nieder mit dem Krieg! Nieder mit der Regierung!«, wird er verhaftet und zu einer zweieinhalbjährigen Zuchthausstrafe verurteilt. Die Arbeiter in Ledebours Wahlkreis streikten am Tag des Urteils, dem 28. Juli 1916, spontan. In der AEG Voltastraße wurden die Maschinen abgeschaltet. Im Humboldthain und in der Voltastraße standen Tausende den Polizisten, die mit gezogenem Säbel erscheinen, gegenüber. Es sollte dies nicht der letzte Streik gewesen sein.

Am 16. April 1917 führt die Kürzung der wöchentlichen Brotrationen von 1 800 auf 1 350 Gramm zu spontanen Arbeitsniederlegungen in der AEG Brunnenstraße und bei Schwartzkopff, jener alten traditionsreichen Fabrik in der Scheringstraße, die vor wenigen Jahren der Spitzhacke unnötigerweise zum Opfer fiel.

Die Arbeiter hatten sich am 16. April nach der Frühstückspause um 9.00 Uhr zu einem Demonstrationszug gesammelt. Die Polizei griff nicht ein, versuchte die Demonstration aber von der Innenstadt abzulenken. Der Streik dauerte in den meisten Betrieben zwei Tage.

Vier Tage vor diesem Streik passierte unbemerkt von vielen Zeitgenossen, nur wenige hundert Meter von den großen Fabriken im Wahlkreis von Georg Ledebour, ein plombierter D-Zugwagen den Stettiner Bahnhof. Unter den 31 russischen Emigranten, die hier über Schweden nach Rußland fuhren, befand sich u. a. jener Mann, der wenige Monate später die Geschichte veränderte: Lenin. Während er auf Kosten des deutschen Generalstabs in seine Heimat zurückkehrte, wurden den deutschen Arbeitern die Rationen gekürzt. Neben Lenin saß in dem Zug einer jener Berufsrevolutionäre, der selbst seine persönlichen Beziehungen zum Wahlkreis Ledebours hatte. Es war der 1882 in Lwow geborene Karl Sobelsohn, der in der internationalen Arbeiterbewegung unter dem Namen Karl Radek bekannt geworden war. Am 25. Oktober 1908 war er im sechsten Berliner Wahlkreis in die SPD eingetreten. Lange hielt es der »Hofnarr der Revolution«, wie er später genannt wurde, im Berliner Arbeiterbezirk nicht aus. Radek, der später führende Positionen in der russischen Revolution, dann auch in der deutschen KPD übernahm und schließlich den stalinistischen Säuberungen zum Opfer fiel, stritt sich bald mit Rosa Luxemburg und übersiedelte nach Leipzig. Als er mit Lenin den Wedding durchquerte, sah er nicht viel. Trotz eigener militärischer Begleitmannschaft hatte man den Bahnhof mit Soldaten abgesperrt, nachdem der Zug zuvor in Frankfurt von einer Abordnung sogar mit einem Fäßchen Bier begrüßt worden war.

Derartige Demonstrationen wollte man im Wedding verhindern.

Die Arbeiterschaft war durch die Entbehrungen der Kriegsereignisse weiter nach links gerückt. Georg Ledebour und andere Reichstagsabgeordnete gründeten 1917 die USPD. Diese ruft noch am 25. November 1917 — ein Jahr vor der Revolution — zu einer großen Antikriegsdemonstration auf. Auf dem Weddingplatz, am Bahnhof Gesundbrunnen und am Stettiner Bahnhof sammelten sich die Demonstranten, um zum Lustgarten zu marschieren.

Ein Jahr später, am 9. November 1918, sind es wieder die Arbeiter der AEG und von Schwartzkopff, die mit einer Demonstration die revolutionären Ereignisse in Berlin einläuten. Vor der Maikäfer-Kaserne in der Chausseestraße werden drei Arbeiter von einer Offizierswache erschossen. Die Soldaten folgten nicht den Offizieren und solidarisierten sich mit den Arbeitern. Die Schüsse leiteten das Ende des Kaiserreiches in Berlin ein.

Mit der Revolution kam auch das Ende jener bedeutenden Wahlkreisabgeordneten. Erst in der Zeit nach 1945 kandidierten im Wedding wieder Spitzenpolitiker für die SPD. Bevor Willy Brandt das Stimmergebnis in dem Wahlkreis an der Brunnenstraße mit 75,74 % zu nicht gekannten Höhen führte, hatte bereits Otto Suhr, der Vorgänger Brandts als Regierender Bürgermeister jenen Wahlkreis gehalten.

Ein Arbeiterbezirk mit Baugeschichte

Vom Meyers-Hof zur Kahlschlagsanierung

Das Bild des Weddings wurde geprägt durch den der Eingemeindung folgenden schnellen Wachstumsprozeß, der keinen Raum ließ für planvolles bauli-
ches Gestalten. Trotzdem zeigt gerade dieser Bezirk auch baugeschichtliche
Aspekte, die ihn für Architekten und Architekturhistoriker interessant werden lassen. Die zahlreichen Versuche nach den Gründerjahren bei den Neu-
bauvorhaben dieses Jahrhunderts, die alten Fehler der Mietskasernen zu ver-
meiden, zeigen auch die Wege der Architektur.

Meyers Hof, Ackerstr. 132

Überlegungen zur Weddinger Baugeschichte kreisen zumeist um die Miets-kasernen, die seit der Gründerzeit entstanden. Der Wedding bietet aber auch andere Ansätze, die vielleicht nur deshalb nicht in die Annalen der Bauge-schichte eingingen, weil andernorts größer und häufig aufwendiger geplant und gebaut wurde. Gemessen an dem monumentalen Wohnungsbau der Stadt Wien in den zwanziger Jahren, sind deutsche Ansätze besonders auch in Ber-lin bescheiden; einige dieser Ansätze finden sich im Wedding.

Die Wohnungsbaugeschichte fing zunächst im Wedding einmal ziemlich makaber an. Lange Jahre prägte der Meyers-Hof das Bild vom Wedding. Die Ackerstraße 132—134 war das extremste und trotzdem typischste Beispiel der Wohnlandschaft der Jahrhundertwende. Mit seinen sechs Hinterhöfen hielt der Bau des Velvetfabrikanten Jacques Meyer allerdings einen traurigen Re-kord. Auf der etwa nur 40 m mal 150 m großen Fläche lebten zeitweise bis zu 2 000 Menschen. Für diese gab es sogar 50 Wasserklosetts — »damals et-was Hochmodernes« (P . P . Sagave) — und diverse Pissoirs. Ärztliche Unter-suchungen, die bis in die zwanziger Jahre hinein durchgeführt wurden, zeig-ten die gesundheitlichen Folgen der beengten Wohnungssituation. Die Über-tragung von ansteckenden Krankheiten bis hin zu den Geschlechtskrankhei-ten wurde erleichtert. Aber diese Probleme waren für die Stadtväter augen-scheinlich nicht die wichtigsten, denn die Zeitschrift »Gesundheit« (8. Jg. 1883, S. 14) hob weniger die gesundheitlichen Folgen derartiger Baupraxis als die polizeilichen Probleme hervor:

> »Zur Sicherstellung der öffentlichen Ordnung befindet
> sich in dem Hause ein Schutzmann, welcher allmählig
> sämtliche Bewohner kennengelernt hat, und der oft sei-
> nes Amtes walten muß.«

Der Meyers-Hof war damit nicht nur, wie Kurt Pomplun feststellt, ein Sym-bol für die unglückliche Bau- und Bodenpolitik, sondern ein Symbol des da-maligen Elends.

Eine Idylle sah dagegen der französische Journalist Jules Huret im Meyers-Hof:

> »Der Meyershof setzt sich aus einer Anzahl großer, der
> Hauptfassade parallel laufender und durch sechs weite
> Höfe von einander getrennter Gebäude zusammen.«

Huret besichtigte einige Wohnungen — begleitet vom Hauseigentümer — und hob deren Sauberkeit hervor. In einer der Wohnungen lebte eine Familie mit vier Kindern. Es war eine Zwei-Zimmer-Wohnung mit Küche, für die die Jah-resmiete 360 RM betrug.

Der Mietskasernenbau war in der Gründerzeit ein einträgliches Geschäft, da durch das ständige Anwachsen der Arbeiterschaft ein starker Bedarf an Wohnungen entstand, die besonders nahe an den Arbeitsstätten liegen sollten.

Begünstigt wurde die Bauweise durch die Planungen des Stadtbaumeisters James Hobrecht, der 1858 nicht nur unser heutiges — vorbildliches — Straßensystem ausarbeitete, sondern damit gleichzeitig auch das Parzellierungsschema für die zukünftigen Bauten angab. Der Hobrecht-Plan sollte vorausschauend sein und hätte Platz für vier Millionen Menschen geschaffen. Wie dieser Platz allerdings aussah, zeigte die Bauentwicklung der folgenden Jahre. Während 1861 in Berlin nur 167 Häuser mit mehr als dreißig Wohnungen gezählt wurden, waren es 1881 bereits 2 786 Grundstücke, auf denen mehr als 100 Personen wohnten. 1871 lebten etwa 600 000 Menschen in einer, allenfalls zwei beheizbaren Stuben, davon 162 000 in Kleinwohnungen, häufig sieben Personen in Stube und Küche. 120 000 Berliner lebten in Kellerwohnungen, wie es Annemarie Lange in ihrer Berliner Geschichte berichtet.

Erleichtert wurde die Baupraxis durch die fehlenden rechtlichen Bestimmungen. Über ein Jahrhundert bestimmte der 1794 erlassene § 65 Teil I Titel 8 des Preußischen Allgemeinen Landrechts:

>*»In der Regel ist jeder Eigentümer seinen Grund und Boden mit Gebäuden zu besetzen oder sein Gebäude zu verändern wohl befugt.«*

Der § 66 schränkte dies dann insoweit ein, als die Polizei — daher auch der Begriff Baupolizei — zur Verhinderung von Schaden der Allgemeinheit, zur Abwendung der Verunstaltung der Städte und für öffentliche Einrichtungen Beschränkungen erlassen konnte. Auch das Bürgerliche Gesetzbuch des Jahres 1900 bestimmte noch, daß jeder Eigentümer mit seinen Grundstücken nach Belieben verfahren konnte. Ein Polizeihandbuch des Jahres 1913 zählt dann auch hauptsächlich nur solche Eingriffsmöglichkeiten auf, die der Gefahrenabwehr dienen. Allerdings findet sich auch hierbei schon die Forderung:

>*»Die Wohnungen sollen menschenwürdig sein und den gesundheitlichen Anforderungen an Luft und Licht genügen. Die Luft darf nicht verunreinigt und der Grund und Boden nicht verseucht werden, daher sind verboten alle gesundheitsschädlichen Ablagerungen.«*

Was allerdings damals noch als menschenwürdig angesehen wurde, wäre heute nicht akzeptabel. In den Jahren 1901—1920 führte die 'Ortskrankenkasse für den Gewerbebetrieb der Kaufleute' Wohnungsenqueten durch, die zu erschreckenden Ergebnissen führten.

>*»Nachdem wir ermittelt haben, daß ein großer Teil der Wohnungen unserer Mitglieder auch nicht den beschei-*

*densten Forderungen der Hygiene entspricht und wir
wissen, in wie vielen Fällen weder Höhe, noch Boden-
fläche, noch Kubikinhalt genügend ist, daß die Woh-
nungsdichte enorme Dimensionen angenommen hat
und zahlreiche Menschen in dunklen und feuchten Räumen und in solchen ohne Heizgelegenheiten förmlich
vegetieren, nachdem festgestellt ist, daß die Klosettver-
hältnisse eine Quelle der bedenklichsten Ansteckungs-
gefahr bilden, handeln wir gewissenlos, wenn wir untä-
tig die Hände in den Schoß legen.«*

Noch in den zwanziger Jahren stellten Mediziner schwerwiegende An-
steckungskrankheiten fest. Häufig wurden auch Geschlechtskrankheiten bereits auf kleine Kinder übertragen, die mit mehreren Geschwistern und mit
Erwachsenen das gleiche Bett teilten. Sexuelle Beziehungen zwischen Ver-
wandten wurden durch Ärzte des Rudolf-Virchow-Krankenhauses festgestellt.

In diese menschenunwürdige Verhältnisse fügte sich der 1873/74 errichtete Meyers-Hof nahtlos ein.

Gegen diese Wohnungspolitik regte sich bald Widerstand. Man war sich
bewußt, daß die Wohnkomplexe anders gestaltet werden mußten.

So wurde am 29. Juli 1902 im Wedding auf Anregung des Jungmännerver-
eins der Versöhnungskirche, des evangelischen Arbeitervereins und des Kar-
tells der christlichen Gewerkschaften der Vaterländische Bauverein gegründet,
dessen Ziel es war, menschenwürdigen Wohnraum für die Arbeiter zu errichten. Dabei war den Initiatoren durchaus klar, daß es darum ging, im roten
Berliner Wahlkreis VI ein durch praktische Leistung überzeugendes Beispiel
für die Arbeiter zu bieten.

Die Gründung des Vaterländischen Bauvereins fiel damit in eine Zeit, in
der liberale und christliche Politiker ebenso wie reformwillige Unternehmer
versuchten, den steigenden Einfluß der Sozialdemokratie durch soziale Refor-
men zu begegnen. 1901 war daher auch schon in Berlin als Ausfluß derartiger
Bestrebungen eine »Gesellschaft für soziale Reform« gegründet worden. Einer der Präsidenten dieser Gesellschaft, Freiherr von Berlepsch, schrieb 1903,
daß es darum gehe, »die Hebung der Materiellen und ideellen Lage der Lohn-
arbeiter« zu erreichen. Es war daher auch ein Ziel, die katastrophale Wohnungssituation der Arbeiter zu verbessern.

Der Vaterländische Bauverein ließ durch den Baurat Georg Schwartzkopff
die sogenannte Versöhnungsprivatstraße entwerfen, die zwischen der
Hussiten- und Strelitzer Straße errichtet und deren Einweihung am 31. Okto-
ber 1904 gefeiert wurde. Der Architekt schuf eine Wohnanlage, die die übli-
chen Hinterhöfe vermied und die Häuser Hussitenstraße 4—5 und Strelitzer
Straße 43 mit sechs sogenannten »Gartenhöfen« verband. Die Fronten der
Gebäude mit ihren 208 Wohnungen ließ Schwartzkopff im Stile verschiedener
Formen der Architekturgeschichte verzieren. Romanische, gotische und ba-

Versöhnungsprivatstraße, Nürnberger Hof

rocke Elemente prägten das Bild ebenso wie mancher Kitsch der Jahrhundertwende. Heute ist der Vaterländische Bauverein bemüht, die oft kleinen Wohnungen zusammenzulegen. Die Fassaden der noch vorhandenen Gebäude wurden inzwischen hervorragend restauriert, wie man insbesondere am sogenannten Nürnberger Hof erkennen kann.

Auch in einem anderen Weddinger Kiez befindet sich ein inzwischen restaurierter Vorläufer des frühen sozialen Wohnungsbaus.

Vierzehn Aufgänge prägen und prägten das sogenannte Karl-Schrader-Haus an der Ecke Liebenwalder und Malplapuetstraße, in dem sich rund 100 Wohnungen befinden. Das Haus ist benannt nach einem in der evangelischen Kirchenarbeit tätigen Reichsbahndirektor, der mit der Berliner Baugenossenschaft sich zunächst auf den Bau kleinerer Siedlungshäuser beschränkt hatte und dann 1905 jenen nach ihm benannten Komplex im tiefsten Wedding errichtete. Alle Gebäudeteile, die eine Grünanlage umschlossen, wiesen Wohnungen mit Balkonen und Innentoiletten auf. Die Mieter mußten jedoch eine nicht unerhebliche Aufnahmegebühr von 200 RM an die Baugenossenschaft zahlen. Diese Summe mußten sich die Arbeiter erst einmal mühsam zusammensparen, was ihnen bei einem Wochenlohn von 20—24 RM nicht leicht fiel, zumal die Miete auch einiges wegfraß. Annemarie Lange zitiert in ihrer Geschichte des Wilhelminischen Berlin einen »Ratgeber für Bauunternehmer«, nach dem eine Zweizimmerwohnung der schlechtesten Bauklasse im vierten Stock eines Vorderhauses im Wedding zwischen 25 und 30 Mark kostete. Damit ging mehr als ein Wochenlohn für die Miete weg. Die oft zahlreichen hungrigen Mäuler mußten auch gestopft werden. Wer sich aber die Kosten der Aufnahme in die Baugenossenschaft erspart hatte, der zog damals in einen mustergültigen Wohnkomplex ein. Im Keller gab es eine Badeanstalt und ein Gemeinschaftsraum stand für Feierlichkeiten zur Verfügung. Selbst ein Kindergarten gehörte zur Ausstattung des Karl-Schrader-Hauses.

Diese Beispiele blieben weiterhin eine Rarität sowohl im Wedding als auch in Berlin. Die Diskussionen über einen fortschrittlichen Wohnungsbau begannen damals erst und wurden zunächst durch die Kriegsjahre unterbrochen. Erst in der Weimarer Republik schienen die Möglichkeiten gegeben zu sein, moderne Wohnungsbaupolitik zu betreiben. Während die ersten Nachkriegsjahre noch durch Wohnungsnot und die bestehende Wohnungszwangswirtschaft gekennzeichnet waren, wurde der Neubau nach der Währungsreform 1923 gefördert. Verstärkt bildeten sich gemeinnützige Wohnungsbaugenossenschaften; die Produktionsformen des Baugewerbes wurden vereinheitlicht. Zahlreiche Wohnsiedlungen entstanden, so u. a. die berühmte Hufeisensiedlung in Britz.

Auch im Wedding hinterließen namhafte Architekten ihre Spuren.

1927 wurden an der Afrikanischen Straße die Wohnkuben Ludwig Mies van der Rohes errichtet. Das eher unscheinbare Aussehen fügt sich nahtlos in das dominierende Grün der Rehberge und des Goetheparkes ein. Angesichts der gegenüberliegenden bis zu neunstöckigen Bauten bieten diese Wohnkuben einen ansprechenden Übergang zu den anschließenden Einfamilienhäusern. Auch die sehr durchdachte innere Gestaltung der Häuser geben einen guten Vorgeschmack auf das, was im gleichen Jahr unter der Gesamtleitung Mies van der Rohes in der Weißenhofsiedlung in Stuttgart entstand.

Unweit hiervon erbauten in den Jahren 1929 bis 1931 die Architekten Bruno Taut, Paul Emmerich und Paul Mebes die Friedrich-Ebert-Siedlung. Es handelt sich dabei überwiegend um dreistöckige Häuser, die ähnlich wie die

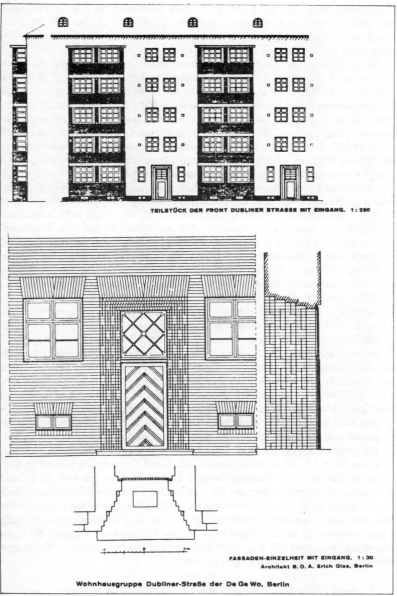

TEILSTÜCK DER FRONT DUBLINER STRASSE MIT EINGANG. 1 : 250

FASSADEN-EINZELHEIT MIT EINGANG. 1 : 30
Architekt B. D. A. Erich Glas, Berlin

Wohnhausgruppe Dubliner-Straße der De Ge Wo, Berlin

Moderne Wohnbauten Dubliner Str. (1928)

Wohnkuben Mies van der Rohes im Stil harmonischer Sachlichkeit entstanden und die »neue« Architektur der zwanziger Jahre kennzeichneten. Im Wedding entstanden mit diesen Gebäuden erstmals gesunde, sonnige und auch noch heute billige Wohnungen.

Erste Ansätze für dieses Bauen gab es bereits einige Jahre zuvor. Nach Plänen des Architekten Bruno Taut war in den Jahren 1924 bis 1928 an der Bristol und Dubliner Straße die Siedlung am Schillerpark entstanden, deren dreigeschossige Zeilenbauweise mit dem roten Ziegelmauerwerk und der Anordnung der Fenster die Siedlung sofort als ein Werk der Weimarer Architekturkunst erkennen läßt. Durch die Blockrandbebauung entstanden ruhige und grüne Höfe, die eine harmonische Ergänzung zur Anlage des Schillerparkes darstellten. Trotz des Alters der Bauten ist diese »Ecke« des Weddings noch immer eine der attraktivsten Wohngegenden. Um 1928 entstanden auch an der Dubliner und Edinburger Straße Wohnbauten des Architekten Glas, die erstmals im Wedding mit einer Zentralheizung für alle 900 Wohnungen errichtet wurde, die Wärme und Warmwasserzähler enthielten, so daß jeder Mieter nur die Kosten der von ihm verbrauchten Wärme zahlen mußte (eine Regelung, die erst im Jahre 1983 in der Bundesrepublik gesetzlich vorgeschrieben wurde!).

Nach dem II. Weltkrieg knüpften die Weddinger Stadtväter an die Bautradition der Weimarer Republik an. Nach den Plänen des Architekten Hand Hoffmann wurden in Ergänzung der von Bruno Taut entworfenen Siedlung am Schillerpark weitere elf Bauten errichtet, hauptsächlich zur Barfussstraße hin orientiert. Dabei hat der Architekt die ursprünglichen Elemente der Entwürfe Tauts auch für die Neubauten übernommen.

Eine völlig neue Siedlung entstand am Gesundbrunnen.

Es war ein großer Tag in der Geschichte des Wedding, als der erste Bundespräsident der Bundesrepublik Deutschland, der allen unvergessene Theodor Heuss, am 18. Juli 1954 die Einweihung der Ernst-Reuter-Siedlung zwischen der Garten- und der Ackerstraße, unweit jenes Meyers-Hofes, der ein trauriger Anfang der Weddinger Baugeschichte war, vornahm.

Seit 1953 war an dieser großzügig mit Grünflächen umgebenen Wohnanlage gebaut worden. Mittelpunkt der Siedlung ist ein von Felix Hinßen geplantes fünfzehnstöckiges Hochhaus, das heute — von großen Bäumen umgeben — kaum etwas von seiner Höhe ahnen läßt. Ganz im Sinne der Weimarer Vorläufer wurde hier eine Wohnlandschaft komponiert, in der sich Grün und Wohnbauten sinnvoll ergänzten. Die Vorläufer, wie die Friedrich-Ebert-Siedlung, wurden auch bei der Einweihung vom Bundespräsidenten erwähnt. Benannt wurde die Siedlung nach Ernst Reuter, der die Fertigstellung nicht mehr erleben konnte. Er hatte sich gegen zahlreiche Widerstände für diese Siedlung eingesetzt. Noch am 22. Juli 1953 hatte er an den bedeutenden Weddinger Baustadtrat, Walter Nicklitz, geschrieben:

»Der Gedanke, gerade in diesen mit den deprimierenden Wohnungen ausgestatteten Bezirken mitten in der

alten dichten Siedlung unter Ausnutzung der freigeleg-
ten Bombenstellen neue Wohnungen entstehen zu las-
sen, gerade dieser Gedanke ist von allergrößter Bedeu-
tung.

Ich bin seit langem nicht so glücklich gewesen, wie
in dem Augenblick, als ich auf dem künftigen Bau-
grund das Modell der beabsichtigten Neugestaltung
sah.«

Daß dieser Gedanke nicht überall auf Gegenliebe stieß, ist heute kaum noch
bekannt. Selbst Sozialdemokraten glaubten, daß eine solche Siedlung in einen
grünen Bezirk gehöre und auch die großen gemeinnützigen Gesellschaften er-
teilten ihrem Parteifreund Nicklitz eine Abfuhr, als er sie für dieses Projekt
gewinnten wollte. Erst durch das Interesse der kleinen Thomashof-Gesel-
lschaft und die Unterstützung Ernst Reuters wurde die Siedlung möglich. Eine Büste Ernst Reuters erinnert heute an den Namenspatron der Siedlung.

Weddinger Baugeschichte wäre jedoch nicht vollständig, wenn man nicht
auch das neben der Ernst-Reuter-Siedlung gelegene — heute fast fertige —
größte deutsche Sanierungsgebiet erwähnen würde. Auf Plänen von Prof. Eggeling aus dem Jahre 1961 beruhend, wurde hier eine Gesamtanlage von
Grünflächen, Gemeinbedarfsflächen und Wohnungen geschaffen, die trotz
der unterschiedlichen Einzelgestaltungen fast siedlungshaften Charakter haben dürfte. Zu spät ging man allerdings von der Kahlschlagsanierung zur —
häufig sehr teuren — Modernisierung über. Interessante modernisierte Bauten sind von Prof. Weber an der Graunstraße entstanden. Auch an der Ramlerstraße stehen hervorragend modernisierte Häuser. Von den Neubauten ist
besonders der von Prof. Kleinhues am Vinetaplatz erstellte Klinkerblock zu
erwähnen.

Die inzwischen jahrzehntelange Sanierung brachte aber zahlreiche Nach-
teile für die Bewohner. Solange nicht alle Blöcke fertiggestellt waren, fehlte
es an Geschäften und an Einrichtungen für Jugendliche. Entgegen den ursprünglichen Planungen mußten viele Bewohner in andere Gebiete ziehen und
verloren den Zusammenhalt mit Freunden und Nachbarn. Erst langsam entsteht eine neue soziale Struktur, die sich teilweise nicht unerheblich von der
früheren Sozialstruktur unterscheidet.

Trotzdem setzt der Wedding auch mit diesem Sanierungsprojekt seine
Bautradition fort. Wenn es darum ging, neue Entwicklungen im Städtebau
umzusetzen, dann war der Wedding mit dabei — nie sehr spektakulär und zumeist nicht mit großem Aufwand, aber zum Wohle der Bürger.

1984 wurde das Bezirksamt für diese Leistungen von der Bundesregierung
mit einer Goldmedaille ausgezeichnet.

Fabrikhallen und ein Modellkrankenhaus

Zur Weddinger Baugeschichte gehören nicht nur die Wohngebäude sondern auch andere Nutzbauten.

Besonders hervorzuheben sind in diesem Zusammenhang die von Peter Behrens an der Hussiten- und Voltastraße für die AEG errichteten Montagefabriken. Die allgemeine Elektrizitätsgesellschaft (AEG), die 1887 aus der »Deutschen Edison-Gesellschaft« entstand, zog 1888 in die Räume der alten W. Weddingschen Maschinenbau-Anstalt in der Ackerstraße 76, die 1857 für nur 80 Arbeiter errichtet wurde. Jetzt kaufte Emil Rathenau über 100 000 qm hinzu und es entstand das heute von der Technischen Universität genutzte Areal der AEG-Ackerstraße, deren Gebäude von dem Geheimen Oberbaurat Franz Schwechten konzipiert wurden.

Seit 1894 kam zur Erweiterung der Produktion das Gelände an der Brunnenstraße hinzu, auf der die eingangs erwähnten Montagefabriken von Peter Behrens errichtet wurden.

Die Hallen entstanden von 1910 bis 1912 und umfaßten eine Hochspannungs- und eine Kleinstmotorenfabrik der AEG, sowie die große Montagehalle an der Hussitenstraße. Die zuerst errichtete Hochspannungsfabrik war eine Beton- und Stahlkonstruktion, die mit Klinkersteinen verkleidet wurde, welche auch das Bild der anderen Bauten der AEG prägten. Die große Montagehalle entstand als Stahlkonstruktion, die stark an die wegweisende Halle der AEG-Turbinenfabrik in der Tiergartener Huttenstraße erinnert, die Peter Behrens 1909 errichtete.

Zur Errichtung der Fabriken wurde in der Hussiten- und Voltastraße die vorhandene Wohnbebauung abgerissen. Die Wohnhäuser, die stehenblieben, wurden 1927 von der AEG übernommen, die Läden geschlossen, der Stuck abgeschlagen und in den Wohnräumen Büros eingerichtet.

1895 konnte Emil Rathenau dann einen heute noch existierenden Tunnel zwischen den beiden Werken einweihen. In ihm verkehrte eine Elektromaterialbahn, auf deren Triebwagen auch Passagiere Platz fanden. Es war die erste U-Bahn.

Die alten Teile der AEG-Brunnenstraße werden jetzt von der Technischen Universität übernommen.

Die neueren Teile werden abgerissen. Die Computerfirma Nixdorf errichtet dort eine neue Fertigungsstätte für zunächst etwa 1 200 Beschäftigte, für die am 6. November 1984 der Grundstein gelegt wurde.

Eine andere Fabrikationsstätte springt dagegen heute ins Auge: das Stammwerk der Fa. Schering.

Ein nur 250 mal 25 m großes Grundstück in der Müllerstraße 171 hatte der Apotheker Ernst Schering 1859 erworben. Nachdem er auch das Grundstück Nr. 170 von der verwitweten Frau des Schulvorstehers Mink erworben hatte, konnte die erste Fabrik entstehen. Zahlreiche weitere Gebäude folgten.

1. BERLIN, N., Allgem. Elektr. Gesellsch.

AEG-Gebäude in der Ackerstraße (oben)
»Beamteneingang« zur AEG-Fabrik Brunnenstraße (unten)

Die Neubauten der Schering AG, in den 60er und 70er Jahren im Rahmen eines städtebaulich preisgekrönten Konzepts entstanden, dokumentieren das verläßliche Ja der Firma zu Berlin. Schering ist — mit seinem Hauptsitz und seiner Forschung im Wedding gelegen — heute noch das einzige Großunternehmen mit weltweiten Geschäftsverbindungen, das seinen Sitz in Berlin behalten hat. Aus dem alten »schmalen Handtuch« an der Fennstraße, wo Firmengründer Ernst Schering 1864 die Konzession für den Betrieb einer chemischen Fabrik erhielt, wurde im Lauf der Jahrzehnte die Weltfirma, bei der heute allein in Berlin mehr als 6 000 Menschen ihren Arbeitsplatz haben. In der ganzen Welt sind es rund 23 000.

Die Geschichte Scherings ist mit jener Berlins eng verbunden; das spiegelt sich nicht nur in der wissenschaftlichen Qualität der Forschung und Entwicklung wider — immerhin war Berlin seit der Mitte des vorigen Jahrhunderts nicht nur ein internationales wissenschaftliches Pflaster der Superlative, sondern auch die bedeutendste Industriestadt zwischen Atlantik und Ural.

Die Industriekultur und ihre Pflege zeigt sich gerade in diesem Jahr bei Schering wieder von einer erfreulichen Seite: Aus Eigeninitiative einiger Mitarbeiter der Firma wurde das ehemalige Hauptlabor, zu Zeiten des Firmengründers das »Kontorgebäude«, zum »Scheringianum« ausgebaut. In Originalräumen, die 1868 bis 1872 entstanden, und in der Teil-Möblierung aus der Berliner Jugendstil-Zeit (Bibliothek mit Galerie) beherbergt Schering nunmehr historische Dokumente aus der Firmengeschichte, Kuriosa ebenso wie wissenschaftliche Urkunden, Patente, Literatur und Korrespondenz.

Für interessierte Berliner wird das Scheringianum ab Sommer 1985 freitags immer zugänglich sein — unabhängig davon, ob der Besucher nur wissen will, wann ein Schering-Medikament auf den Markt kam, oder ob er sich für lokale Industriehistorie »made in Wedding« interessiert.

Die zahlreichen Neubauten der Schering AG prägen heute den Weitblick auf den Bezirk. Wo noch 1977 ein riesiger Parkplatz an der Ecke Müller- und Sellerstraße zu sehen war, ragt heute das Hauptverwaltungsgebäude des Konzerns in den Himmel und verdeckt den Blick vom Humboldthain auf die Innenstadt. An der Fennstraße entstand die modernste Verpackungs- und Lageranlage, die man sich denken kann. Wie von Geisterhand werden aus den haushohen Regalen der ZVV, wie man sie bei Schering nennt, Paletten mit Pillen und anderen Arzneimiteln herausgeholt und für den Versand bereitge-

Das ehemalige alte Hauptlabor, dessen Halbtrakt (links) den Bombenhagel des II. Weltkriegs überlebt hat, beherbergt heute — im Urzustand von 1872 — das »Scheringianum«

1888 hieß es noch: Wenn die Schornsteine rauchen, geht's uns gut (Aufnahme des Weddinger Stammwerks von Schering)

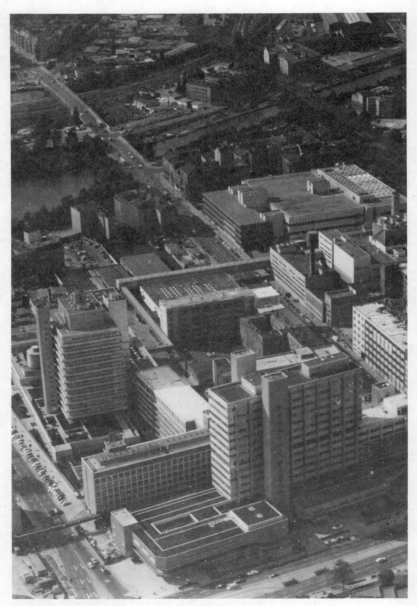

Hauptverwaltung und Forschungszentrum der Schering AG

stellt. An der Sellerstraße entstand ein eigenes Haus für die Forschung, in dem u. a. die Tierlabors untergebracht sind. Auffällig an dieser monumentalen Architektur ist der Versuch, jede Freifläche mit Grün zu versehen und sei es auf den Dächern. Auf einem der Dächer ist der Firma Schering auch etwas besonderes gelungen. Auf dem Schering-Parkhaus in der Müllerstraße hat man auf dem Dach einen firmeneigenen Kindergarten untergebracht.

Die markantesten Bauten Scherings im Wedding sind zweifellos das Verwaltungsgebäude mit der »Brücke« über die Fennstraße und der Forschungsturm an der Sellerstraße. Zur Zeit entsteht in Richtung Nordhafen ein weiterer Neubau: ein modernes Aus- und Weiterbildungszentrum, das Schering im Sinne von Ensembleschutz mit Klinkerfassade ausstattet — ebenso »geklinkert« wie der große Transformatorenbau der BEWAG auf der gegenüberliegenden Seite der Sellerstraße.

Aber nicht nur Fabrikgebäude bleiben für den Wedding erwähnenswert. Zu denken ist auch an den Omnibusbahnhof Usedomer-Ecke Jasmunder Straße. Von hieraus fuhren die ersten motorbetriebenen Omnibusse ab, die den Verkehr auf der Strecke Hallesches Tor — Chausseestraße aufnahmen. Ab 1900 waren sogar versuchsweise von hier aus Elektroakumulatoren-Omnibusse eingesetzt.

Als am 15. November 1905 der erste Omnibus mit Vergasermotor eingesetzt wurde, ging gleich die Frontscheibe durch die rauhe Fahrtechnik zu Bruch. Ein zweiter Wagen wurde von begeisterten Fahrgästen gestürmt, so daß er beschädigt liegen blieb.

Der Busbetriebshof hatte übrigens Vorläufer, so daß das von der BVG 1980 gefeierte 75jährige Jubiläum etwas untertrieben war. Am 1. April 1886 hatte die ABOAG ihren Betriebshof VI in der Wattstraße, 1899 den Betriebshof Usedomer Straße eingeweiht. Der Betriebshof XIV in der Jasmunder Straße folgte am 6. Februar 1911. Später wurde die heutige Anlage errichtet, die die BVG seit 1980 ausbaut.

Als bedeutendster Zweckbau ist das Rudolf-Virchow-Krankenhaus zu nennen. Am 1. Oktober 1906 wurde der vom Stadtbaurat Ludwig Hoffmann, dem der Wedding zahlreiche Bauten, wie z. B. die Diesterwegschule und das Stadtbad in der Gerichtstraße zu verdanken hat, entworfene umfangreiche Klinikkomplex fertiggestellt. Bürgermeister Kirschner nahm die Einweihung vor und benannte das Krankenhaus nach Rudolf Virchow.

Sieben Jahre hatte man für den Bau benötigt, der auf 27 Hektar Grundfläche aus 57 Gebäuden mit insgesamt 2 400 Betten bestand. Wie in einer Gartenstadt fügt sich Pavillon an Pavillon, nur unterbrochen von den gepflegten Grünanlagen, die der Namenspatron dieses Großkrankenhauses anlegen ließ. Heute sind zahlreiche Bettenhäuser mit höherer Stockwerkzahl hinzugekommen. Aber der Charakter dieses Krankenhauses erhielt sich bisher. Die Hochhäuser passen sich der Landschaft an und fallen daher nicht als die seelenlosen Häuser auf, die man manchmal an anderen Krankenhausneubauten so abschreckend findet.

Das Virchow-Krankenhaus kostete damals die für heutige Verhältnisse bescheidene Summe von 20 Millionen Mark, von denen nur vier Millionen auf die Inneneinrichtung entfielen. Heute kosten Apparaturen in einer modernen Intensivstation bereits ein Mehrfaches. Für ein Krankenbett wurden damals 9 500 Mark berechnet; heute kostet ein Krankenhausbett 638 000 DM! Der französische Journalist Jules Huret lobte die Anlage:

>*Und diese Reinlichkeit, diese Ordnung! Nirgends ein Papier oder irgendwelche Abfälle. Am Fuß der Bäume sind hie und da Körbe und neben den weißlackierten Bänken Spucknäpfe, mit antiseptischem Wasser gefüllt, angebracht. (. . .) Die Genesenen gingen unbehindert in den Anlagen spazieren, durchwegs mit blau und weiß gestreiften Anzügen, grauen Wollstrümpfen und schwarzen Ledersandalen bekleidet.*«

Besonders wies dieser französische Reiseschriftsteller, der 1909 Berlin bereiste, darauf hin, daß Lieferanten und Wirtschaftspersonal von den Krankenpavillons ferngehalten wurden. Als Huret das Virchow-Krankenhaus besuchte, beherbergte es nur 1 200 Patienten, für die 88 Ärzte und Assistenten und 335 Personen des Pflegepersonals, davon 230 Schwestern tätig waren. In der Verwaltung, dem technischen und Wirtschaftsdienst arbeiteten weitere 312 Mitarbeiter. Heute werden durchschnittliche 1 400 Patienten von über 2 000 Beschäftigten, davon über 300 Ärzten betreut.

Auch die Technik beeindruckte den Franzosen, so z. B. die 30 riesigen Kochkessel, 26 Brat- und Kochöfen, Kartoffelschälmaschinen und die Heizungsanlage, die in der gesamten Anlage ständig 70° warmes Wasser zur Verfügung stellte, sowie die Wäscherei, die damals täglich 9 000 Wäschestücke waschen und bügeln konnte. Erschreckt liest man allerdings auch, daß dieses Krankenhaus immerhin pro Pavillon Säle mit 25 Betten aufwies und trotzdem als modern galt.

Unweit des Krankenhauses befindet sich die Technische Fachhochschule Berlin (TFH), die im Jahre 1971 durch die Zusammenlegung der beiden Ausbildungsstätten für graduierte Ingenieure, Beuth und Gauss, sowie durch die Hinzufügung der Ingenieurakademie für Bauwesen entstand. Neben dem Hörsaal und der Mensa der ehemaligen Gauss-Schule sind inzwischen zahlreiche Neubauten entstanden.

Die TFH stellt die Verbindung zwischen Krankenhaus und dem Weddinger Rathaus her, dessen Altbau 1980 fünfzig Jahre bestand.

Der Weddinger Rathaus-Altbau wurde erst am 18. November 1930 durch den damaligen Weddinger Bürgermeister Carl Leid übernommen. Es war seit 1928 unter Leitung des Stadtbaurates Martin Wagner errichtet worden. Die Pläne selbst stammten von einem Architekten der Weddinger Bezirksverwaltung. Bis dahin hatten die Weddinger ohne Rathaus gelebt und die Verwaltung war zersplittert. Die Verwaltung war u. a. im Ledigenheim in der Schönstedtstraße und im Jüdischen Krankenhaus untergebracht. Der Bau hatte genau zwei Jahre gedauert; denn am 19. November 1928 war der Grundstein des in Klinkerbauweise funktionell und nüchtern gebauten Verwaltungsgebäudes gelegt worden. Einzig der Eingangsbau wurde kunstvoll gefließt. Auch der Ratskeller erhielt durch Reproduktionen der Werke des Berliner Malers Theodor Hosemann einen dekorativen Schmuck. Beide Räumlichkeiten wurden inzwischen wieder hergerichtet.

Das alte Rathaus kostete übrigens nur 2 Millionen Mark und war damit 200 000 Mark billiger als geplant.

Der von 1962 bis 1964 nach Plänen von Fritz Bornemann errichtete Neubau mit dem Anbau für die Bezirksverordnetenversammlung war dagegen schon wesentlich teurer.

Die alten Schmuckstücke

Ein Arbeiterbezirk wie der Wedding, der erst im Jahre 1920 eigenständiger Bezirk wurde und seinen Aufschwung zur Großstadt seit den siebziger Jahren des letzten Jahrhunderts nahm, hat kaum alte Gebäude aufzuweisen. Was an alten Gebäuden vorhanden war, wurde zumeist schon in den Gründerjahren der Spekulation geopfert. Aber einige »alte« Gebäude gibt es auch noch im Wedding.

Nur die beiden bereits erwähnten Schinkel-Kirchen stammen aus der Zeit vor 1840. Die beiden Saalkirchen stellen, wenn sie auch nach den Zerstörungen des 2. Weltkrieges nicht völlig in Schinkelschen Intentionen erstanden, die Schmuckstücke unter den Weddinger Bauten dar.

Ein anderer Weddinger Gebäude-Komplex aus dem letzten Jahrhundert ist das Paul-Gerhard-Stift an der Müllerstraße. Am 7. Juni 1976 feierte das Stift sein einhundertjähriges Bestehen. Den Alten und Kranken zu helfen, war das erklärte Ziel, als 1876 in Kreuzberg das Stift gegründet wurde. 1888 zog man in ein neues Gebäude an der Weddinger Müllerstraße, in dem 95 Schwestern ihre Arbeit aufnahmen. In dem Saal für Feierlichkeiten steht ein überlebensgroßes Standbild des Namenspatrons, das man als eines der bedeutendsten Weddinger Standbilder bezeichnen kann.

In Zukunft wird das Stift aber seine Funktion aufgeben, da die krankenpflegerischen Aufgaben durch eine Zusammenlegung und Erweiterung vom Lazarus-Krankenhaus in der Bernauer Straße übernommen werden.

Das Lazarus-Krankenhaus ist übrigens noch älter, obwohl man es ihm heute kaum noch ansieht. Am 19. Juni 1865 wurde der Grundstein für das Lazarus-Krankenhaus gelegt. Nach fünfjähriger Bauzeit erfolgte die Einweihung dieses Diakonissenhauses am 16. Mai 1870.

Die Errichtung dieses Krankenhauses ging auf den Pfarrer der Elisabeth-Gemeinde Boegehold zurück, der für das sogenannte Vogtland und den angrenzenden Bereich zuständig war. Erster Chef der Klinik wurde der Mediziner Langenbuch, der zuvor in Bethanien tätig war. Er war es auch, der vor 100 Jahren im Lazarus-Krankenhaus die erste Gallenblasenoperation durchführte. Der Patient, ein Verwaltungsangestellter, konnte von seinen Leiden erlöst werden und sich ständig ohne Schmerzen bewegen; die Schulmedizin aber griff den mutigen Mediziner an. Noch heute sucht man seinen Namen in manchen medizinischen Werken vergebens. Das Lazarus-Krankenhaus aber pflegte bis in die heutigen Tage seine Schrittmacherfunktion als Gallenspezialist.

Daneben ist das Lazarus-Krankenhaus aber auch in die Literatur eingegangen. Am 13. Mai 1907 wurde Heinrich Wolfgang Seidel zum 2. Pfarrer des Lazarus-Krankenhauses gewählt. Eineinhalb Monate später heiratete er seine Cousine Ina Seidel und bezog mit ihr ein Nebengebäude. In ihrem Lebensbericht schilderte die berühmte Schriftstellerin (u. a. »Lennacker«) ihre Spaziergänge durch die »stille grüne Oase des Sophien-Friedhofs«, der gegenüber dem Krankenhaus liegend, heute zu Ost-Berlin gehört. Neben Ina Seidel war auch ihr Mann literarisch tätig. Während seiner Zeit im Lazarus-Krankenhaus (bis 1914) schrieb er einen Erzählungsband und die Erinnerungen an seinen ebenfalls berühmten (Schriftsteller-)Vater Heinrich Seidel.

Genau zur Jahrhundertwende entstand ein anderer Weddinger Bau, der berühmt wurde, diesmal jedoch wegen seines Benutzers. Bereits 1891 hatte Robert Koch an der Charité ein Institut gegründet, das 1900 in seine heute noch genutzten Gebäude am Nordufer zog. Dort arbeitete der große Naturwissenschaftler bis 1910 an der Erforschung der Infektionskrankheiten. Noch heute kann man das Arbeitszimmer Kochs im ersten Stockwerk des Instituts besichtigen, das seinen Namen trägt. 1910 wurde nach seinem Tod dort auch die Urne mit seiner Asche beigesetzt.

Aber dieses segensreiche Institut an der Weddinger Grenze wurde, obwohl es seither viel Lob und Anerkennung erfuhr, auch in eine weniger ruhmreiche deutsche Geschichte verwickelt. Mitarbeiter des Instituts waren mehr oder minder direkt an Fleckfieberversuchen beteiligt, die deutsche Ärzte an Insassen von NS-Konzentrationslagern durchführten. Der frühere Direktor der Abteilung für tropische Medizin am Robert-Koch-Institut wurde deshalb vom amerikanischen Militärgerichtshof in Nürnberg 1947 zu lebenslänglicher Haft verurteilt. (Die Strafe wurde übrigens 1951 in eine fünfzehnjährige Strafe umgewandelt.)

Zwei Jahre nach dem Robert-Koch-Institut entstand an der Amrumer Straße das Institut für Zuckerindustrie (1902), in dem seit 1904 Europas einziges Zuckermuseum besichtigt werden kann.

Das vielleicht schönste Weddinger Gebäude wird von säumigen Zahlern und anderen »faulen Kunden« höchst ungern betreten: es ist das restaurierte Weddinger Amtsgericht am Brunnenplatz, welches 1901 geplant und 1906 seiner Bestimmung übergeben wurde. Das Gebäude mit seiner schönen, von den Architekten Rudolf Mönnich und Carl Tesenwitz der Meißener Albrechtsburg nachempfundenen Fassade und seinen herrlichen Treppenaufgängen, mußte auf Eisenpfählen errichtet werden, wofür auch die hinter dem Gebäude fließende Panke verantwortlich war. Das Grundstück wurde vom Magistrat kostenlos zur Verfügung gestellt.

Heute ist das Amtsgericht Wedding ein Zivilgericht, aber bis in die dreißiger Jahre wurden hier auch noch kleinere Straftaten verhandelt. Nach dem 2. Weltkrieg war das Amtsgericht wieder für Strafsachen zuständig. Ein Jugendgericht und eine Jugendstaatsanwaltschaft wurden hier 1946 für kurze Zeit eingerichtet und seit dem 1. April 1946 war das Weddinger Amtsgericht auch für die Aburteilung von Schwarzhändlern im Schnellgericht kurzzeitig verantwortlich.

»Wiesenburg« und »Schrippenkirche«

Aufmerksame Wanderer durch den Wedding werden häufig erst beim zweiten Hinschauen das alte, weitab der Wiesenstraße stehende Gebäude, das die Nr. 55—59 trägt, als ein noch bewohntes und interessantes Haus identifizieren. Beim genauen Hinsehen stellen sie dann sicherlich eine Giebelinschrift fest, die auf den Verwendungszweck dieses Gebäudes hinweist:
»Berliner Asyl-Verein 1868—1896«.

Das Haus steht heute im Besitz der Nachfolger dieses Vereins und es lief Gefahr, daß private Bauinteressenten dieses Gelände für eine profitable Neubebauung nutzen. Glücklicherweise hat auch der Landeskonservator ein Auge auf das Gebäude geworfen, so daß noch Hoffnungen bestehen, daß dieses traditionsreiche Haus erhalten bleibt.

Was aber war die »Wiesenburg« wie sie im Volksmund genannt wurde? Heute stehen die Anlagen noch so, wie sie Ende der achtziger und in den neunziger Jahren des 19. Jahrhunderts als privates Obdachlosenheim entstanden sind. Nutzbar ist jedoch nur noch das alte Beamtenhaus, in dem noch elf Mieter wohnen. Die anderen Teile werden, da sie im Kriege stark gelitten haben, soweit die Dächer noch intakt sind, von Gewerbetreibenden genutzt.

Das Asyl in der Wiesenstraße war am 13. Dezember 1896 eröffnet worden. Damals bot es 700 Personen Platz.

Der Versuch bestand allerdings — wie schon die Giebelinschrift zeigt — bereits seit 1868. Auf einer Bürgerversammlung war die Gründung des Asylvereins beschlossen worden. Den Vorsitz übernahm der Bankier Gustav Thölde. Mitglieder des Vereins waren auch August Borsig und Rudolf Virchow. Bis zum Bau des Asyls in der Wiesenstraße betrieb der Verein Asyle in der Dorotheenstraße, Füselierstraße und ab 1873 in der Büschingstraße. Seit 1875

Gebäude des Berliner Asyl-Vereins (1982)

leitete das Männerasyl der Sozialdemokrat Paul Singer. Als der Kaufmann und Reichstagsabgeordnete Singer in der Zeit der Sozialistenverfolgung aus Berlin ausgewiesen wurde, nahm das Vereinskuratorium an einer Sympathiekundgebung für ihn teil.

Früher war das Männer-Asyl eine Zufluchtstätte für die Armen, die eine auseinanderbrechende Großstadt, deren Wachstum nicht aufzuhalten war, ständig produzierte. Im Gegensatz zu den städtischen Asylen wurden die Besucher hier nicht polizeilich registriert.

Die Bürger und auch die Polizei waren über dieses Asyl nicht glücklich und beinahe wäre die Eröffnung noch verhindert worden. Der neuernannte preußische Innenminister von der Recke verfügte nämlich einen Baustopp, da er befürchtete, der nahegelegene Humboldthain würde durch eine Ansammlung von »Strolchen« geschädigt werden. Möglicherweise stand hinter dieser Verfügung auch eine Intervention der Kaufleute und Hauseigentümer des Gesundbrunnens, die ebenfalls über das Asyl nicht begeistert waren.

1907 wurde nach Schließung des Frauenasyls in der Füselierstraße auf dem Gelände an der Panke ein Frauentrakt errichtet und am 24. 3. 1907 eingeweiht. Das Frauenasyl erhielt einen seperaten Eingang und war vom Männerasyl getrennt. Es war über die Kolberger Straße 30 zu erreichen. Dieser Bau an der Panke verteuerte sich durch den schlechten Baugrund erheblich. Der Kostenvoranschlag wurde um 250 000 RM überschritten.

Dies stellte den Verein vor große finanzielle Schwierigkeiten, wie der Vorsitzende Gustav Thölde 1908 anläßlich des 40. Jubiläums berichtete. Den 180 000 RM für die laufenden Ausgaben standen nur 38 000 Mark aus festen Mitgliedsbeiträgen gegenüber. Vielfach griffen die begüterten Mitglieder tief in die eigene Tasche, um die Lücken aufzufüllen.

Das Frauenasyl wurde dann 1912 in den Männertrakt verlegt und 1914 sogar in eine Konservenfabrik für den Armee-Nachschub umgebaut. Ab 1925 schließlich wurden weitere wesentliche Teile des Asyls als Fabrikgebäude benutzt, andere an die Jüdische Gemeinde als Heim vermietet. Schließlich führte die Finanznot dazu, daß der Verein mit dem Berliner Magistrat vereinbarte, daß die Stadt 55 Pf. pro Person zahlte und dafür wieder die Polizeikontrollen eingeführt wurden. Damit war ein Stück sozialer Arbeit beendet, in der nicht, wie bei vielen anderen Organisationen, die Predigt gleich zum Abendbrot mitgeliefert wurde. In dem bereits damals als wegweisend eingeschätzten Asyl sollte den Obdachlosen wenigstens für kurze Zeit ein Punkt der Ruhe geboten werden.

In der Hochzeit der »Wiesenburg« durften die Asylanten allerdings auch nicht allzu häufig erscheinen. Aus der alten Hausordnung vom 1. Dezember 1896 ergibt sich beispielsweise, daß jeder innerhalb von vier Wochen nur an vier aufeinanderfolgenden Tagen Obdach erhielt. Der Obdachsuchende brauchte nach der Hausordnung niemandem seinen Namen sagen; er mußte dafür aber auch auf Alkohol verzichten und sich am Eingang Hände und Gesicht waschen! Weiter heißt es in der Hausordnung: »Die Benutzung der Badeeinrichtung wird dringend empfohlen. In den Fällen, wo der Hausinspektor es anordnet, muß der betreffende Asylist ein Bad nehmen. Während des Bades werden die Kleider desinfiziert.«

Seine Lagerstätte mußte der Asylant im Schlafraum im Winter um 21.00 Uhr und im Sommer um 22.00 Uhr eingenommen haben. Kartenspielen, Rauchen, Branntweintrinken und Lärmen war verboten. Dafür gab es abends eine Suppe mit Brot und morgens Kaffee mit einer Schrippe.

Die Schrippe zum Kaffee machte auch eine andere caritative Organisation bekannt.

Als Gegenstück zum Asyl in der Wiesenstraße könnte man die sogenannte »Schrippenkirche« bezeichnen, deren alte Gebäude erst kürzlich in der Weddinger Ackerstraße einer modernen Wohnbebauung weichen mußte. An diesen Verein, der sich der Hilfe für Arbeitslose verschrieben hatte, erinnert heute noch ein kirchliches Alters- und Mädchenheim gegenüber dem alten Standort in der Ackerstraße 136.

1882 hatte der Journalist Constantin Liebich mit einigen Freunden den Verein »Dienst am Arbeitslosen« gegründet, der fortan an Arbeitslose im Wedding in angemieteten Räumen Kaffee und zwei Schrippen ausgab, wenn sie anschließend am Gottesdienst teilnahmen. Liebich folgte damit den Intentionen kirchlich-konservativer Kreise in Berlin, z. B. um den Hofprediger Stöcker, die mit kirchlicher und sozialer Arbeit die arbeitende Bevölkerung

Vorstand des Vereins Schrippenkirche
(vorn 2. v. r.: Constantin Liebich)

von der Sozialdemokratie und den Gewerkschaften abdrängen wollten. Dem
lagen die gleichen Ursprünge zugrunde, wie der Gründung des Vaterländischen Bauvereins, von dem bereits die Rede war. 1901 gelang es den Unter-
stützern des Vereins so viele Spenden zusammenzutragen, daß in der Ackerstraße 52 ein fester Standort für die Vereinsarbeit gefunden werden konnte,
der wegen seines großen Versammlungsraumes und der ausgegebenen Schrippen im Volksmund »Schrippenkirche« genannt wurde. Es entstanden auch
Werkstätten, wo alte Möbel durch die Arbeitslosen wieder aufgearbeitet wurden. Der Verein betrieb auch dank seiner guten kirchlichen Kontakte über das
ganze Land eine Arbeitsvermittlung.

Der Saal der »Schrippenkirche« wurde auch zum Aufenthaltsort für Jugendliche, denen der Zutritt zu öffentlichen Wärmehallen untersagt war.

In einer Schreibstube fanden stellungslose Büroangestellte und Kaufleute
Beschäftigung. 1907 wurde ein Adressenschreibbüro eröffnet.

Zur Information der Vereinsmitglieder und Spender erschien ein eigenes
Blatt: »Aus dem dunkelsten Berlin«.

Die umfangreiche Publizistik des Vereins ermöglicht heute die Nachvoll-
ziehbarkeit der Vereinsgeschichte.

In einer 'Nachricht über die ersten sechs Jahre' gibt Constantin Liebich
Auskunft über die Vereinsarbeit. So besuchten die Weddinger Schrippenkir-

cheneinrichtungen in der Müllerstraße 6 zwischen 1882 und 1888 35 591 Personen bei insgesamt 245 Sonntagsveranstaltungen. Die Schrippenkirche residierte zu dieser Zeit noch in einem christlichen Vereinshaus, das am Weddingplatz in dem ehemaligen Tanzlokal »Fürst Blücher« entstanden war. Damals — wie auch später — beschränkte sich die Vereinsarbeit nicht nur auf die Schrippenausgabe. So erhielt jeder Gast nach Möglichkeit die gedruckten Predikten des — antisemitischen — Hofpredigers Stöcker in die Hand gedrückt, wie Liebich 1888 schrieb.

Aufschlußreich über die soziale Situation Berlins ist auch der von Liebich erstattete Jahresbericht für die Zeit von Juli 1917 bis 1918. Neben den täglichen Geschäften des Vereins, zu denen auch das Briefeschreiben für Analphabeten gehörte, wurden 675 neue Hilfesuchende registriert. 334 davon waren bis zu 25 Jahre alt. Die Mehrzahl der Hilfesuchenden kam aus Berlin, der Mark Brandenburg und den östliche gelegenen Provinzen Preußens. Dementsprechend gehörten die meisten von ihnen zur evangelischen Religion. Der Jahresbericht gibt auch eine berufliche Gliederung wieder. 412 waren Arbeiter und 178 Handwerker. Vergleicht man diese Berufsangaben mit denen der Väter der Hilfesuchenden, so zeigt sich ein Rückgang der Handwerker (285 Arbeiter, 262 Handwerker), was sicherlich auch auf die Folgen der Industrialisierung zurückzuführen war.

Nach dem ersten Weltkrieg stieg die Zahl der Hilfesuchenden auch in den sogenannten »goldenen Zwanzigern« an. 1924/25 waren es 4 216 und 1925/26 bereits 6 918. Das Jugendheim zählte 229 und das angeschlossene Männerheim 460 Pfleglinge. Die während des Krieges noch festzustellende Vorherrschaft preußischer Arbeitsloser hat sich verringert. Aus allen Teilen des Reiches kamen jetzt Arbeits- und Obdachlose. Die Hälfte von ihnen war zwischen 21 und 30 Jahren; es waren die durch den Krieg entwurzelten Jahrgänge. Immer noch dominierten Arbeiter und Handwerker, aber die Inflation hatte auch manchen kleinen Kaufmann die Existenz entzogen. Immerhin hatten 571 Kaufleute um Obdach gebeten.

1932 machte der Verein noch einmal mit einer Broschüre anläßlich des 50. Jahrestages der Gründung auf sich aufmerksam, dann wurde es ruhig um ihn. Im »Dritten Reich« sollte es nach der Nazi-Ideologie keine Obdachlosen geben. Für sie war die Polizei zuständig und die Massengräber der KZs häufig die Endstation. Trotzdem existierte die »Schrippenkirche« weiter. In den Jahresberichten wird der Rückgang der Hilfesuchenden festgestellt und obligatorisch findet sich auch der Dank an den »Führer«.

Immerhin besuchten 1937 9 171 Gäste die 28 Gottesdienste. Sogar noch 707 Hilfesuchende wurden neugemeldet, von denen über 200 von den staatlichen Stellen überwiesen wurden. Die soziale Struktur entsprach der der Kriegszeit.

Im 57. Bericht der Schrippenkirche vom November 1940 fehlt dann jeder Dank an den »Führer«. Während rings herum alles in einen Siegestaumel verfiel, hört sich der Bericht bemerkenswert wenig zuversichtlich an. Man sei bereit für die Aufgaben des Jahres, hieß es darin, »und sei es *nur das Durchhalten bis zum Frieden*«. Die Vereinsförderer wurden aufgefordert, der Schrippenkirche die Treue zu halten, »bis wir nach einem ehrenvollen Frieden wieder dort wirken können, wo unsere Aufgaben uns vom Herrn gewiesen werden«.

Deutlicher konnte man die Skepsis gegenüber dem Nationalsozialismus nicht ausdrücken, der gerade auf seiner höchsten Machtfülle war.

Auch nach dem Kriege setzte der Verein seine Arbeit fort. 1948 wurden ein Mädchen- und ein Frauenaltersheim eröffnet. Beide werden heute in neuen komfortablen Gebäuden fortgeführt.

Andere traditionsreiche caritative Organisationen finden sich in der Reinickendorfer Straße. Im gleichen Jahr in dem sich die Schrippenkirche bildete, wurde dort auf einem städtischen Gelände aus privaten Spenden das Altenheim der »Altersversorgungsanstalt der Stadt Berlin der Kaiser-Wilhelm- und Kaiserin-Augusta-Stiftung« fertiggestellt. 1887 folgte in unmittelbarer Nähe ein Altenheim der nunmehr vereinigten Stiftung der Hospitäler zum Heiligen und St. Georg. Diese Stiftung kann ihre ersten Anfänge bis in das Jahr 1272 zurückverfolgen. Aus diesem Jahr existiert eine Urkunde, die den Bäckern Berlins die Brotversorgung der beiden Anstalten überträgt, die sich an der Stadtgrenze mit Kranken- und Altenpflege befaßten.

Schließlich hinterließ die Berlinerin Clara Lange-Schucke ihr Vermögen der Stadt Berlin, die 1892 die nach der Stifterin benannte Alteneinrichtung ebenfalls an der Reinickendorfer Straße errichtete. Diese damals bereits fortschrittlichen Einrichtungen sind in den siebziger Jahren unseres Jahrhunderts restauriert und in moderne Neubauten integriert worden.

Die Weddinger Grünflächen

Der Humboldthain

Die erste Parkanlage, die im Wedding planvoll errichtet wurde, war die nach Alexander von Humboldt (1769—1859) benannte Anlage an der Brunnenstraße. Es sollte der zweite Park innerhalb der in Berlin entstehenden Arbeitersiedlungen werden. Die erste derartige Parkanlage war der von Lenné geschaffene »Friedrichshain«, dessen Ausmaße auch Vorbild für den Humboldthain wurden.

Am 12. Oktober 1865 wurde von der Stadtverordnetenversammlung beschlossen, das 25 ha große Areal zwischen Brunnen- und Wiesenstraße für einen Volkspark zu erwerben.

Vier Jahre später, am 14. September 1869, wurde mit den Bauarbeiten begonnen, für die der Gartendirektor Gustav Meyer die Pläne erarbeitet hatte. Die Ausführung der Arbeiten oblag dem Gärtner und Baumschulenbesitzer Spätz.

Im Park wurden zahlreiche seltene Pflanzen aus aller Welt gepflanzt, die nach Regionen aufgegliedert wurden. Für diese Anlage wurden 340 000 Mark ausgegeben. Eine aufwendige Bewässerungsanlage konnte erst 1876 fertiggestellt werden.

Auf den Namenspatron machte eine Ansammlung von Findlingen an dem damals höchsten Punkt des Parkes aufmerksam. Das Denkmal wurde 1887 gestiftet. Eine Inschriftenplatte wies auf Alexander von Humboldt hin; sie war nahe an einer künstlichen Quelle angebracht. Diese Quelle speiste einen kleinen Weiher mit ausländischem Fischbestand.

Kurzzeitig wurde im Humboldthain 1893 auch eine »Geologische Wand« gezeigt, die wie der Park selbst der Wissensvermittlung über die Natur dienen sollte. Die Anlage wurde später in Blankenfelde errichtet.

Im Humboldthain war aber auch für das Freizeitangebot ausreichend Platz geschaffen worden, im Winter durch eine Rodelbahn und im Sommer durch mehrere Kinderspielplätze.

Mit der Ausweitung der AEG-Brunnenstraße wurde dann die Parkanlage verkleinert, weil sich die AEG bis zur Gustav-Meyer-Allee ausdehnte.

Dort, wo sich heute das Sommerbad befindet, tummelten sich damals die Kinder und Erwachsenen auf der großen Spielfläche. Gegenüber der Ramlerstraße lag die alte Himmelfahrts-Kirche, die August Orth 1893 mit einem 72 m hohen Turm errichtete. Die Kirche lag auf einer Mittelinsel der Grenzstraße, die damals quer durch den Humboldthain zur Brunnenstraße führte.

Wichtigstes Denkmal war Walter Schotts 1926 geschaffene »Jagende Nymphe«, die 1952 im Hain aufgestellt wurde. Vorher aber erlebte der Hain in den ersten Kriegsjahren seine größte Umgestaltung.

Freiwillige italienische und teilweise unfreiwillige französische Fremdarbeiter schufen von Oktober 1941 bis April 1942 zwei Bunkeranlagen, die den Park im alten Stil völlig zerstörten. Der große Bunker entstand auf einer 80 x 80 m breiten und 2,5 m dicken Betonplatte. Er war fünf Geschosse hoch. Während der kleine Bunker an der Gustav-Meyer-Allee Horchgeräte und Scheinwerfer aufnahm, standen auf dem großen Bunker schwere Flakgeschütze, die bei jedem Schuß den gesamten Unterbau erschütterten.

Um diese Bunker wurde noch in den letzten Kriegstagen gekämpft. Dabei ging auch die Himmelfahrtskirche in Schutt und Asche unter. Die beide Bunker bilden heute die Grundlage der beiden Schuttberge, da es der französischen Besatzungsmacht 1948 nicht gelang, die beiden Bunker vollständig zu sprengen.

Die Relikte des Krieges standen in einer kahlen Wüste, nachdem die letzten Gehölze als Brennholz verfeuert wurden.

Der Schutt, mit dem die Bunker aufgeschüttet wurden, ist ab 1950 mit Lorenbahnen herangefahren worden; und eine halbe Million Kubikmeter Schutt aus zerstörten Häusern wurden benötigt.

Die Pläne für die Umgestaltung des Parkes stammte von G. Rieck. Die beliebte Rodelbahn wurde auf dem kleinen Bunkerberg angelegt. Den großen Bunkerberg mit seiner Aussichtsplattform in 85 m Höhe konnte man über Serpentinen erreichen.

Der Rosengarten wurde bald wieder ein Anziehungspunkt für Jung und Alt. Auf die Spielfläche kam das Sommerbad und als Ersatz für das Humboldtdenkmal wurde ein von Karl Wenke geschaffener Gedenkstein im Jahre 1952 aufgestellt.

Der Gedenkstein steht nahe der neuen Himmelfahrtskirche, die von Otto Bartning 1956 nebst Gemeinderäumen errichtet wurde.

In den letzten Jahren hat das Gartenbauamt Wedding mit großen Anstrengungen den Humboldthain umgestaltet.

Die grüne Oase, die seit über 100 Jahren in dem dichtbesiedelten Gebiet besteht, fand bald Nachfolger im Schillerpark und dem Volkspark Rehberge.

Der Schillerpark

Der Schillerpark, jene Oase für Spaziergänger und Jogger, zwischen Edinburger- und Bristol- einerseits und Dubliner- und Ungarnstraße andererseits gelegen, geht bereits auf Pläne des Gartenbaudirektors Mächtig aus dem Jahre 1898 zurück. An der Müllerstraße hatten sich zahlreiche Menschen im Zuge der Gründerzeit niedergelassen. Sie wurden besonders durch den Flugsand der Reh- und Wurzelberge belästigt. Gleichzeitig sollte der Park auch eine Er-

Schillerpark, Bastion

holungsfläche für die stark anwachsende Bevölkerung bilden. Als man aber
von den Kosten solcher Pläne erfuhr, wurden sie sofort in die Schublade des
Magistrats verbannt.

Der Gedanke, einen Park anzulegen, wurde nicht aufgegeben. So stellten
sich die Bürger eine Anlage vor, die von der Seestraße bis zum Schäfersee
reichte. Die Reinickendorfer jedoch wollten von dieser Gegend noch nicht viel
wissen und weigerten sich für die Kosten aufzukommen, die auf ihrem Gebiet
anfallen würden.

Schließlich wurde der Magistrat mit einem Beschluß vom 8. Oktober 1903
ermächtigt, das Gelände aufzukaufen. Im wesentlichen erwarben unsere damaligen Stadtväter zwei Dünenketten, die Wurzelberge, deren Flugsand, sich
überall in den Häusern und Wohnungen fand. Diese Dünen waren teilweise
bis zu 10 m hoch und zogen sich in ost-westlicher Richtung durch den Park.
Die vor der südlicheren Düne liegende Ebene wurde bis 1908 von Laubenko-
lonisten benutzt, so daß später bei der Anlegung des Parks dort bereits eine
kleine Humusschicht vorhanden war.

Während man noch nicht wußte, wie dieser Park im Norden aussehen sollte, wurde zunächst das im preußischen Staat Wichtigste getan: Die Stadtver-

ordnetenversammlung beschloß am 13. April 1905 den »Nordpark« in »Schillerpark« zu benennen. Anlaß war der 100. Todestag Schillers, der am 9. Mai gefeiert wurde. Am 23. Dezember 1907 erfolgte dann auch die Ausschreibung eines Wettbewerbs. Die Ausschreibungsbedingungen waren interessant. Der Park sollte zwei je 3,5 ha große Spielwiesen nebst Unterkunftsräumen enthalten. Auch eine Erfrischungshalle und die Möglichkeit zur Herstellung einer Eisbahn waren vorgesehen. Insgesamt sollte der Park nur 660 000 RM kosten. Gleichzeitig sollten noch 250 000 m³ verrotteter Hausmüll, der in der Nähe lagerte, verwendet werden.

Pathetisch, wie die Zeit und wie der Kaiser, so betitelte der Gartenarchitekt Friedrich Bauer aus Magdeburg seinen Entwurf, mit dem er am 26. Mai 1908 den Wettbewerb gewann: »Freude, schöner Götterfunken«.

Dieser Entwurf wurde Grundlage der Bauausführung, die nach langen Vorarbeiten am *21. Januar 1909* von der Stadtverordnetenversammlung beschlossen wurde.

Während der nördliche Teil des Parks mit einer ca 3,5 ha großen »Bürgerwiese« mit Mischwald bepflanzt wurde, der viel Schatten spenden und zum Spazieren einladen sollte, wurde die ca 4,5 ha große Wiese im Süden als Spielwiese für Schulen und als mögliche Eislauffläche konzipiert. Die Dünen, die der südlichen Spielfläche gegenüberlagen, sollten terrassenförmig angelegt werden. Die unteren Terrassen sollten mit Rosengärten und einem Schillerdenkmal ausgestattet werden, die obere Terrasse eine Bepflanzung mit 100 Roßkastanien erhalten. Die Terrasse sollte 235 000 RM kosten.

Die gartenbaulichen Arbeiten wurden dem 1. Städtischen Parkrevier unter der Leitung des Stadtobergärtners Weiß übertragen. Um den Flugsand erst einmal zu bändigen, wurde der hinter dem Domfriedhof an der Müllerstraße lagernde Hausmüll, der bereits in der Ausschreibung genannt war, mit einer Feldbahn herangefahren und in einer 35 cm dicken Schicht auf die Dünen und die Flugsandebene aufgetragen. Hinzu kam eine ebenso starke Schicht Dungbodens.

Am 6. Mai 1909 wurde in Anwesenheit des Bürgermeisters Reicke, mehrerer Stadtverordneter, des Gartenarchitekten Bauer und Stadtobergärtners Weiß der erste Baum im Park gepflanzt, eine von dem Geheimen Kommerzienrat Steinthal gestiftete, aus Schillers Geburtsstadt Marbach stammende Eiche.

Durch die beschleunigte Arbeit konnte der nördliche Teil des Parks bereits am 7. Juni 1910 dem Publikum zugänglich gemacht werden.

Für die Herstellung der südlichen »Schülerwiese« mußte weiterer Dung angefahren werden, da die ursprünglichen Mengen nicht ausreichten. Die Arbeiten an dieser Wiese, die etwas tiefer gelegt wurde und mit leichten Hügeln gegen die Straße abgesichert wurde, konnten so schnell bewältigt werden, daß bereits im Mai 1911 die Schulen mit dem Spielen auf der Wiese beginnen konnten. Im Januar 1912 wurde erstmals diese Wiese während eines dreiwöchigen Frostes als Eisbahn benutzt.

Bald hatte sich jedoch während der Arbeiten herausgestellt, daß die ursprünglichen Mittel von 660 000 RM nicht ausreichten. In den Haushaltsjahren 1911 und 1912 wurden weitere 388 000 RM bewilligt.

Erst im Oktober 1911 konnte man mit dem Bau der Terrasse beginnen. Die Eisenbetonkonstruktion wurde mit Rüdersdorfer Kalkstein verblendet. Im Frühjahr 1912 pflanzte man auf der 47 m hohen Terrasse die Kastanien. Beendet wurden die Gesamtarbeiten am Schillerpark dann im Mai 1913. Am 10. Mai 1913 waren alle Teile des Park der Öffentlichkeit freigegeben.

Es waren zeitweise 450 Arbeiter tätig, die 250 000 m³ Boden bewegten. Als man schließlich an die Kostenrechnung ging, mußte man feststellen, daß für jeden Quadratmeter des Schillerparks 10 RM ausgegeben wurden. Der Kauf des Grundstücks hatte 1,8 Mill. RM gekostet, die Bauarbeiten 1,05 Mill. RM. Heute kostet dagegen die im Vergleich zur Errichtung des Schillerparkes geringfügigen Umgestaltung des Humboldthaines in einem Haushaltsjahr allein 700 000 DM.

Schließlich wurde 1937 noch auf der Terrasse ein Schillerdenkmal aufgestellt, ein Abguß eines berühmten Vorbildes von Reinhold Begas.

Die Rehberge

1979 feierten die Weddinger das 50jährige Bestehen des Volksparkes Rehberge.

Erste Arbeiten in den Rehbergen waren aber bereits durch ein Arbeitsbeschaffungsprogramm im Jahre 1848 erfolgt. Arbeitsbeschaffungsmaßnahmen spielten auch später bei der Errichtung des Volksparkes eine Rolle.

Im letzten Jahrhundert wollte man einen Park allerdings nicht errichten, vielmehr nutzte das preußische Militär die Sandwüste als Schießplatz. Was Preußens Artillerie nicht zerschoß, das wurde an den kargen Wintertagen in den nahegelegenen Laubenkolonien verfeuert. Die Sanddünen der Rehberge waren teilweise so kahl, daß dort Anfang der zwanziger Jahre Wüsten- und Karl-May-Filme gedreht wurden. Als bereits der Schillerpark begrünt wurde, machte man sich auch Gedanken über die Rehberge. 1911 hatte sogar Hagenbeck für kurze Zeit den Plan erwogen, dort einen Tierpark zu errichten. Die Namensgebung des Afrikanischen Viertel hatte hierin ihren Ursprung. Der Plan scheiterte, die Straßen behielten ihre afrikanischen Namen.

Seit 1922 lag dann ein Entwurf des Gartenbaudirektors Brodersen vor, auf dem später die Pläne der Gartenbaudirektoren Erwin Barth und Rudolf Germer aufbauten. Die ursprüngliche Planung bezog auch das heutige Quartier Napoleon ein.

Die preußische Regierung mußte aber erst einen Teil des Landes erwerben. Die Inflation 1923 verzögerte die Geldbeschaffung. Erst 1926 konnte der Vertrag abgeschlossen werden. Bereits von 1922 bis 1924 wurden erste Arbeiten ausgeführt und zwar auf dem Gelände hinter den Friedhöfen an der Seestraße. Es entstand eine Gärtnerei, Buddelplätze und eine Rodelbahn. Dieser Teil des künftigen Volksparkes Rehberge erhielt den Namen Goethepark — als Pendant zum fertigen Schillerpark.

Auch das Freibad am Plötzensee wurde weiter ausgebaut.

Der Bau des Volksparkes begann erst nach Bewilligung der ersten Baurate am 2. Februar 1926. Etwa 1 000 Arbeitslose wurden täglich im Park beschäftigt. Wie im Schillerpark blieben die Sanddünen erhalten und wurden der Landschaftsplanung nutzbar gemacht. Hierdurch entstand die abwechslungsreiche Gestaltung der Rehberge. Treppen, steile Wege und Serpentinen machten die Dünen begehbar. Heute sind sie mit dichtem Baumbestand versehen.

Als die feierliche Eröffnung durch den Berliner Oberbürgermeister Dr. Gustav Böß erfolgte, waren 25 000 Fuhren Straßendung und 16 500 m³ Mutterboden angefahren und 150 000 Gehölze waren gepflanzt worden.

Der Weddinger Bürgermeister Carl Leid, der sich ebenfalls um die Errichtung des Parkes verdient gemacht hatte, wurde erst 1954 durch die Benennung des Höhenweges an der großen Rodelbahn in »Carl-Leid-Weg« geehrt.

Wichtigstes Kunstwerk der Rehberge war damals die von Georg Kolbe geschaffene sogenannte »Steuerschraube«, einem Kunstwerk, das er zu Ehren der Rathenaus geschaffen hatte. Es handelte sich um einen Brunnen, den eine vier Meter hohe, auf den Kopf gestellte Spirale krönte. Am Brunnen waren die Reliefs von Emil und Walter Rathenau angebracht. Die Nationalsozialisten bauten den Brunnen ab! Er soll aus Anlaß der 750-Jahr-Feier Berlins wieder errichtet werden.

Das an der großen Liegewiese stehende Ringerdenkmal von Wilhelm Haverkamp wurde erst 1956 aufgestellt. Auch andere heute gewohnte Einrichtungen wurden erst später errichtet. 1935 bauten die Nationalsozialisten für ihre Aufzüge die Freilichtbühne.

Daß die Rehberge heute einen solch stolzen Baumbestand haben, die diesen Grünzug prägen, ist den Mitarbeitern des Gartenbauamtes zu verdanken. 1945 verhinderten sie mit einem besonderen Wachtdienst das Abholzen der Anlagen.

Die Rehberge stellen heute eine der schönsten Berliner Parkanlagen dar.

Sandwüste in den Rehbergen (rechts oben)
Georg Kolbe, Rathenaubrunnen in den Rehbergen, 1933 (rechts unten)

Der Wedding als Verwaltungsbezirk

Der Wedding nach dem ersten Weltkrieg

Die Geschichte des Verwaltungsbezirkes Wedding ist geprägt durch die Auseinandersetzung in der jungen Weimarer Republik, durch die Unterdrückung der im Wedding starken Arbeiterbewegung seitens der Nationalsozialisten und durch die Aufbauprobleme eines im 2. Weltkrieg stark zerstörten Bezirkes.

In jeder Epoche unserer Geschichte seit dem ersten Weltkrieg leisteten Weddinger Bürger außergewöhnliches. Die demokratischen Kräfte unseres Landes mußten einen Bezirk ohne Verwaltungseinrichtungen aufbauen, gegen den Widerstand jener, denen die ganze Weimarer Republik nicht paßte, und sie mußten sich einer unmenschlichen Unterdrückung in den dreißiger Jahren erwehren.

Der Publizist Sebastian Haffner hat in seiner Darstellung der Novemberrevolution von 1918 angemerkt, daß zu ihren Ruhmestiteln ihre Selbstdisziplin, Gutmütigkeit und Menschlichkeit gehörten. Andererseits wurde die Revolution keineswegs als eine solche durchgeführt und das Ziel der neuen Regierenden, allen voran Friedrich Ebert, war Ruhe. Eine Ruhe, die sich bald auf die alten bewaffneten Kräfte stützen sollte. Jene Teile der Arbeiterschaft, die weitere revolutionäre Entwicklungen forderten, wurden bald enttäuscht. Und im Wedding wurde unweit jener Stelle, wo die revolutionären Berliner Ereignisse mit Schüssen auf demonstrierende Arbeiter ihren Ausgang nahmen, bald wieder geschossen.

Diesmal gab es 18 Tote, als Truppen in der Chausseestraße, schon hinter der Weddinger Grenze, auf eine Spartacusdemonstration schossen. An jenem 6. Dezember 1918 nahm bereits die Geschichte der Weimarer Republik ihren Lauf, die geprägt sein sollte von dauernden Ausnahmesituationen. Der später von den Nationalsozialisten hofierte Staatsrechtler Carl Schmitt hat dies auf die zündende Formel gebracht, »souverän sei, wer über den Ausnahmezustand entscheidet«. Diese Souveränität lag aber nicht bei den Revolutionären oder den demokratischen Bürgern. Genau dies werden auch die einen stärkeren Umschwung erwartenden Arbeiter gespürt haben, was auch an den Wahlen zur ersten Weddinger Bezirksversammlung deutlich wurde.

Für die weitere Verfassungsentwicklung in Deutschland war der »allgemeine Kongreß der Arbeiter- und Soldatenräte« vom 16.—21. Dezember 1918 von großer Bedeutung. Man beschloß im Zirkus Busch in Berlin eine verfassungsgebende Versammlung. Die Weimarer Verfassung war die Folge. Aus dem Wedding sollen die Teilnehmer dieses wichtigen Ereignisses erwähnt werden:

— der Marinesoldat Robert Birinski aus der Kameruner Str. 110,
— der Sozialdemokrat und Gewerkschaftler Fritz Brolat, geboren am 14. 7. 1883, aus der Lüderitzstraße 4,
— der Sozialdemokrat Otto Frank, geboren am 23. 2. 1874, vom Nordufer 14,
— der Soldat Paul Neubecker, geboren am 22. 6. 1878, aus der Soldiner Str. 33 — er war Vorstandsmitglied der Ortskrankenkasse Niederbarnim und
— der unabhängige Sozialdemokrat Paul Neumann, geboren am 6. 2. 1888, aus der Müllerstraße 11.

Am 20. Juni 1920 erhielten nicht die Sozialdemokraten Friedrich Eberts, sondern die — mindestens in Worten — radikaler auftretenden Unabhängigen Sozialdemokraten, zu denen auch der langjährige Weddinger Abgeordnete Georg Ledebour gehörte, die Mehrheit. Von 45 Bezirksverordneten stellte die USPD allein 28, die SPD nur 7, der Rest zersplitterte sich in bürgerliche und konservative Parteien. Weddings erster Bürgermeister wurde der Zeitungsredakteur Carl Leid, der dieses Amt bis 1933 ausübte. Die Weddinger Wahlen wurden jedoch für ungültig erklärt und mußten am 16. Oktober 1921 wiederholt werden. Diesmal erhielt die USPD nur noch 15 Mandate, die SPD 9 und die KPD 7. Stärkste bürgerliche Partei war die DNVP mit 6 Bezirksverordneten. Am 23. November 1921 wurde Carl Leid für 12 Jahre zum Bürgermeister gewählt. In seine Amtszeit fällt eine kontinuierliche Entwicklung des Wedding aus dem Bezirk mit den zahlreichen Armenlöchern in ein aufstrebendes fortschrittliches Gemeinwesen.

Moderne Schulformen waren ebenso wegweisend wie das Heranziehen bedeutender Architekten zum Weddinger Wohnungsbau. Auch die Verkehrsverbindungen wurden ausgebaut.

Der Wedding wurde verkehrstechnisch einer der zentralen Punkte Berlins. Wehmütig mag mancher Weddinger beobachtet haben, wie der letzte Berliner Pferdeomnibus am 25. August 1923 seinen Weg in den Busbahnhof an der Usedomer Straße nahm, wo der Stall, über eine Rampe erreichbar, im ersten Stock lag. Die Weddinger Pferdeomnibuslinie war schon früher eingestellt worden. Aber die neue Zeit war im Verkehrswesen nicht aufzuhalten. Bereits am 8. März 1923 war nach langer Bauzeit die U-Bahn-Linie vom Süden zur Seestraße fertiggestellt worden. Sieben Jahre später folgte dann im April 1930 die Fertigstellung der U-Bahn vom Gesundbrunnen bis zur Leinestraße.

Dazwischen lagen Inflation, die sogenannten goldenen Zwanziger Jahre und die Weltwirtschaftskrise.

Der Wedding fiel in diesen Jahren nicht besonders auf, aber man war kräftig bemüht, die Lebensbedingungen in diesem Bezirk zu verbessern. Schaustück dieser Bestrebungen wurde dabei die Erstellung des Volksparks Rehberge.

Das Jahr 1929 signalisierte auch einen anderen — politischen — Wetterumschwung.

Bereits die Wahlen vom 25. Oktober 1925 hatten innerhalb der Arbeiterparteien nach dem Zusammenschluß des Großteils der USPD mit der SPD eine gewisse Kräfteverschiebung gebracht. Während die vereinigte SPD 17 Mandate erhielt, steigerte sich die KPD auf 13. Die bürgerlichen Parteien blieben zersplittert in der Minderheit. Am 17. November 1929 jedoch änderte sich das Bild. Zwar verloren die Sozialdemokraten nur wenige Mandate und stellten — mit bürgerlicher Unterstützung — weiterhin den Vorsteher der BVV, die KPD stellte jedoch mit 19 Bezirksverordneten die stärkste Fraktion. 81 859 Weddinger stimmten für sie, 60 695 für die SPD. Für die SPD kamen in die Bezirksverordnetenversammlung u. a. Fritz Brolat, der alte Hugo Heimann und der Führer des Berliner Metallarbeiterverbandes Max Urich, nach dem 1983 die frühere Hermsdorfer Straße benannt wurde.

Für die KPD wurde die Schneiderin Klara Dolgner gewählt, deren Ehemann die Nazis ermordeten. Der vierte Nachrücker der KPD für die BVV war der Arzt Georg Benjamin aus der Badstraße, der 1942 im KZ ermordet wurde.

Interessant an dem Wahlergebnis im »Roten Wedding« war übrigens, daß die Sozialdemokraten für ihre gute Kommunalpolitik auch den Lohn erhielten. Die SPD-Stadtverordneten erhielten weniger Stimmen als die SPD-Bezirksverordneten. Demgegenüber verzeichneten die kommunistischen Bezirksverordneten weniger Stimmen als ihre Vertreter im Berliner Stadtparlament oder die Reichstagsabgeordneten.

Ein weiteres Novum war der mit nur 6 184 Stimmen in die BVV gewählte erste Nationalsozialist Gotthard Schild.

Trotz der großen Gewinne, die die Nazis überall in der Weimarer Republik verbuchen konnten, trotz der Arbeitslosigkeit, die den Wedding besonders traf, konnten die Nazis nur ganz bescheidene Gewinne verbuchen. Das soziale Elend dieser Zeit zeigt sich besonders auch in den Skizzen des Weddinger Malers Otto Nagel.

Der Wechsel zwischen Sozialdemokraten und Kommunisten hatte tiefere Ursachen. Einer dieser Gründe könnte der 1. Mai 1929 gewesen sein, der als 'Blutmai' in die Geschichte der Arbeiterbewegung einging.

Der Berliner Polizeipräsident Zörgiebel hatte jegliche Kundgebung bereits am 13. Dezember 1928 verboten, weil es zu viele Ausschreitungen gab. Trotzdem rief die KPD zu Maikundgebungen auf und heizte damit die Situation auf.

Die wahrscheinlich beste Darstellung der Ereignisse um den 1. Mai 1929 findet sich in einer Arbeit des englischen Geschichtsstudenten Christopher Bowly, der den Wedding während eines Ferienjobs kennenlernte.

Ausführlich wird in dieser Arbeit dargestellt, wie die Polizeiführung stur auf ihrem Demonstrationsverbot beharrte, während die Führung der KPD ihre Bezirksleiter zu einer weitest möglichen Mobilisierung der Anhänger aufforderte. Die Sozialdemokraten wurden bereits als »Organisatoren der faschistischen Diktatur« diffamiert. Ähnlich der NS-Argumentation forderte ein KPD-Flugblatt: »Straße frei«!

Das Demonstrationsverbot Zörgiebels war auch in der SPD, der er angehörte, umstritten. Einige SPD-Zeitungen beschuldigten die KPD, das Leben von Arbeitern opfern zu wollen, andere verurteilten das Demonstrationsverbot. Auch der Polizeivizepräsident Dr. Bernhard Weiss war anderer Meinung. Er konnte sich nicht durchsetzen und fuhr demonstrativ in Urlaub. Die Versammlungen am 1. Mai verliefen in Berlin zumeist friedlich, wie die Polizei selbst feststellte.

In einigen Bezirken fuhren Einsatzgruppen der Bereitschaftspolizei mit LKWs in Ansammlungen und traktierten die Zivilisten mit Schlagstöcken. Die Stimmung wurde gereizt. Auf der anderen Seite hatten auch kleine Einheiten des Roten Frontkämpferbundes einzelne Polizeibeamte überfallen.

Dann jedoch überschlugen sich die Ereignisse. Die Polizei ging mit Schußwaffen gegen die Bürger vor. Die Schießereien hatten am Hackeschen Markt begonnen, aber auch im Wedding wurde geschossen. Ein Journalist des Tageblattes, der darüber berichtete, wurde im Humboldthain festgenommen und mißhandelt. Seine Kamera wurde beschlagnahmt. Seine Rechte wurden mißachtet. In der Kösliner Straße errichteten die Arbeiter Barrikaden aus Baumaterialien und umgestürzten Fahrzeugen. Die Polizei fuhr ein Maschinengewehr auf. Die nachfolgenden Schüsse treffen hauptsächlich unschuldige Menschen. Einer der ersten Toten war Max Gmeinhardt aus der Kösliner Straße 10. Der sozialdemokratische Reichsbannermann war gerade von der SPD-Maikundgebung im Sportpalast zurückgekehrt, als ihn am Fenster eine Kugel traf.

Ein weiteres unschuldiges Opfer war der Kaufmann Louis Fröbius, der in der Wiesenstraße erschossen wurde, als er der Aufforderung der Besatzung eines um die Ecke fahrenden Polizeilastkraftwagen, »die Straße frei zu machen«, nicht sofort nachkommen konnte, weil ein Zaun den Weg versperrte. Er wurde im Hals und im Rücken von Kugeln getroffen und verstarb auf der Rettungsstelle in der Badstraße 10. Nach langen Auseinandersetzungen erhielt die Witwe des Kaufmanns von der Polizei eine Rente zugesprochen. Der Polizeipräsident mußte zugeben, daß seine Beamten unrechtmäßig gehandelt hatten.

Die Auseinandersetzungen dauerten in Berlin bis zum 5. Mai. 19 Tote und 250 Verletzte zählte man allein im Wedding, darunter auch Hausfrauen, die auf den Balkonen von Polizeikugeln getroffen wurden. Die Polizei wies keine Verletzten auf, obwohl sie die Auseinandersetzungen als Putsch der KPD darstellte.

Der spätere Nobelpreisträger Carl von Ossietzki betrieb eine Untersuchung der Vorfälle und schrieb in der »Weltbühne« von »hysterischen Freiluftübungen der Polizei«. Das organisierte und harte Zuschlagen der Preußischen Polizei führte zur Verbitterung bei vielen Bewohnern der Berliner Arbeiterbezirke, hatte man die Polizei doch als Stütze der Weimarer Republik angesehen.

Die KPD nutzte die Ereignisse zu verstärkten Angriffen gegen die in Preußen regierende Sozialdemokratie. Großkundgebungen folgten u. a. im Weddinger Schillerpark. Vom 8. bis 15. Juni 1929 hielt die KPD ihren Parteitag im Wedding ab. Dort hielt Ernst Thälmann am 10. Juni jene Rede, in der er die Sozialfaschismustheorie aufstellte und damit Sozialdemokraten und Faschisten in einen Topf warf. Die Spaltung der Arbeiterbewegung hatte ihren bis dahin tiefsten Punkt erreicht.

Erschüttert wurde Berlin in diesem Jahr noch durch einen Skandal. Die oppositionellen Parteien, besonders KPD und NSDAP, nutzten einen »Zehn-Millionen-Betrug an der Stadt Berlin«, wie die Vossische Zeitung am 27. September 1929 den Skandal über die Brüder Sklarek überschrieb, aus. Die Brüder Sklarek hatten versucht, der Frau des Berliner Oberbürgermeisters Gustav Böß verbilligt einen Pelzmantel zu überlassen. Der Oberbürgermeister ließ sich hierauf nicht ein und war sich daher keiner Schuld bewußt, als die Parteien sich gegen ihn, der auf einer Amerikareise Geld für die Stadt hereinholte, einschossen. Kommunisten und Nationalsozialisten demontierten aber weiter fleißig die Position des Oberbürgermeisters, bis dieser von seinem Amt zurücktrat.

All diese Ereignisse mögen auch etwas dazu beigetragen haben, die Mehrheitsverhältnisse im Wedding umzukehren.

Doch trotz des Streites der Arbeiterparteien und der inzwischen strikt die Moskauer Weisungen einhaltenden KPD, konnten die Nationalsozialisten im Wedding »keinen Blumentopf gewinnen«. Obwohl Goebbels selbst versuchte, in den Pharussälen den Weddingern den Faschismus schmackhaft zu machen, gelang dies nicht. Unterstützt wurde Goebbels dabei übrigens von dem späteren SS-Führer und Polizeigeneral Daluege, einem der Rivalen Himmlers um die Führung der SS, der sich bereits damals mit seiner Truppe beim 'Aufräumen' der Säle durch besondere Brutalität auszeichnete.

Wie wenig Anklang die Nazis im Wedding fanden, zeigte sich an einer in den Pharussälen, Müllerstr. 142, angekündigten Großkundgebung. Die Zeitung »Welt am Abend« schrieb am 25. Juli 1932, den Polizeibericht zitierend, daß in den 3 000 Personen fassenden Saal sich nur 300 Personen verliefen. Die Massen waren nicht gekommen. In einer 1935 erschienen Broschüre schrieben die Nazis dagegen rückblickend, daß die Versammlung ein Erfolg war: ». . . wagte die KPD nicht mehr, es auf eine Saalschlacht ankommen zu lassen.«

Die Massen waren zu dieser Zeit allerdings woanders. Bis zu 8 000 Menschen sahen in diesen Tagen eine Ausstellung mit Bildern von Käthe Kollwitz.

Um sich bei den Arbeitern beliebt zu machen, versuchten die Nazis alles. Auch im Wedding wurde dies besonders deutlich, als die NSDAP gemeinsam mit den Kommunisten am Berliner Verkehrsstreik teilnahmen. Walter Ulbricht und Joseph Goebbels sprachen auf einer Versammlung. Aber auch hier ging es den Nazis nicht um die Sache. Es ging, wie Goebbels später schrieb, nur darum, eine bessere Propagandamöglichkeit zu erhalten.

Gestapo-Vorladung (im Besitz von Rudolf Diepold)

Der Wedding unter den Nationalsozialisten

Am 30. Januar 1933 ebnete das Bündnis der konservativen Reichswehr mit den einflußreichen Industriekreisen und den ostelbischen Großgrundbesitzern den Machtwechsel zugunsten der Nationalsozialisten. Noch glaubten viele Konservative, man könne den Hitler nur als Mittel benutzen; aber man sollte den Irrtum bald erkennen. Selbst ein integerer Politiker wie Theodor Heuss stimmte für das Ermächtigungsgesetz, das Hitler alle Macht endgültig in die Hände gab.

Die Arbeiterparteien und viele Einzelne, die schon bald nach dieser Machtübernahme den Terror spürten, gaben nicht auf. Während im Reichstag Otto Wels mutig nur noch die Position der Moral verteidigen konnte, hielten die Weddinger zu ihren Parteien. Während im ganzen Deutschen Reich die »Märzgefallenen« bei der Reichstagswahl am 5. März 1933 den Nationalsozialisten starken Zulauf gewährten, in Berlin nur 50 % trotz aller Repression die NSDAP wählten, erhielt diese Partei im Wedding nur 61 000 Stimmen, KPD und SPD jedoch zusammen das zweieinhalbfache an Stimmen, nämlich die KPD 92 000 und die SPD 52 000 Stimmen.

Viele der Kandidaten erlebten die Wahl aber bereits in der Zelle. Schon in der Nacht des Reichstagsbrandes wurden demokratische Politiker nach vor-

---

bereiteten Listen festgenommen und in sogenannte 'wilde Konzentrationslager', oft SA-Kasernen, gebracht, im Wedding u. a. in der Utrechter Straße. Nicht viel anders verhielt es sich bei der Wahl zur Bezirksverordnetenversammlung am 12. März 1933.

Die Nazis hatten 98 Kandidaten aufgestellt (für 45 Plätze), darunter u. a. zwei spätere ehrenamtliche Richter an Freislers berüchtigtem Volksgerichtshof. Von diesen Kandidaten wohnten allerdings nur 3 im Wedding (!): ein Arzt, ein Konrektor und ein Stadtassistent!

Die Nazis erhielten 14 Bezirksverordnete, die SPD 11, die KPD 15, das Zentrum 2 und die Kampffront Schwarz-Weiß-Rot (Hugenberg) 3 Bezirksverordnete.

Die kommunistischen Bezirksverordneten wurden bald verhaftet. Beispiel hierfür ist der bereits erwähnte Arzt Georg Benjamin, der einen Monat, nachdem er Bezirksverordneter geworden war, ins KZ gesperrt wurde.

Auch der Sozialdemokrat Max Urich wurde am 2. Mai 1933 inhaftiert. Bald folgten die anderen. Aus dem Amtsblatt vom 9. April 1933 kann man entnehmen, daß Nachrücker für die SPD benannt werden mußten; die Nachrückerliste war fast aufgebraucht!

Zuerst wurden den Kommunisten, später auch den Sozialdemokraten die Mandate aberkannt. Die freien Plätze nahmen die Nazis ein.

Die gewählten Bürgermeister und Stadträte wurden am 14. März abgesetzt. An ihre Stelle trat als Staatskommissar Dr. Suthoff-Groß, der auch den Vorsitz der Bezirksversammlung übernahm. Am 28. Juni wählten ihn dann seine Parteigenossen und anschließend wurde die Bezirksversammlung des Wedding aufgelöst. Sie tagte im»Tausendjährigen Reich« nicht wieder.

Seit Hitlers Machtübernahme wurden Oppositionelle ohne Verfahren mißhandelt. So kam bereits am 2. Februar ein 19jähriger Arbeiter aus der Prinzenallee zum Arzt Georg Benjamin. Die SA hatte ihn mißhandelt. Die erhalten gebliebene Patientenkarteikarte weist Striemen am ganzen Körper und große flächenhafte Blutergüsse auf der rechten Schädelhälfte und Schulter auf.

In den SA-Lokalen in der Utrechter Straße und in der Prinzenallee wurden NS-Gegner gequält. Ein Arbeiter wurde in der Liebenwalder Straße vor einem Speiselokal erschossen. Er war nicht das letzte Opfer.

Zunächst gingen die Nationalsozialisten daran, ihre Gegner auszuschalten. So wurden — ohne Rücksicht auf die Folgen — 15 der 19 Ärzte des Kinderkrankenhauses entlassen, zumeist weil sie Juden waren. Der seit 1922 amtierende Leiter des Weddinger Gesundheitsamtes Dr. Drucker wurde sofort entlassen und ins KZ Sachsenhausen gebracht, wo er, zwischenzeitlich kurz entlassen, 1940 den Torturen der SA erlag.

Der Leiter der Fürsorge für geschlechtskranke Kinder im Rudolf-Virchow-Krankenhaus, Martin Gumpert, wurde entlassen, konnte aber in die USA emigrieren.

Auch im Rathaus waren Entlassungen an der Tagesordnung. 100 Beamte und 300 Angestellte wurden wegen ihrer politischen Überzeugung oder aus rassischen Gründen entlassen und durch »alte Kämpfer« der NSDAP ersetzt, die häufig eine Verwaltung noch nie von innen gesehen hatten.

Der junge Verwaltungsbeamte Wolfgang Eckert, heute der Leiter des Heimatarchivs, schilderte dem Autor, wie die Säuberung im Weddinger Rathaus erfolgte.

Wolfgang Eckert, Sohn eines bekannten Gewerkschaftlers, hatte selbst in den letzten Monaten der Weimarer Republik eine Zeitschrift seiner Gruppe der Sozialistischen Arbeiter-Jugend herausgegeben. Stolz hatte er auch die Zeitung seinen Schulkameraden gezeigt. Zwei von ihnen, die dem nationalistischen Stahlhelmbund angehörten, schickten dann 1933 die Zeitung an das Bezirksamt. Die Entlassung war vorprogrammiert. Damals war Wolfgang Eckert im Steueramt des Bezirks beschäftigt. Mit der Machtübernahme durch die Nazis erschien der Verwaltungsassistent G. in SA-Uniform und begann das große Wort zu reden. Eckert wurde zunächst in die Kriegsbeschädigtenfürsorge versetzt, die damals schon ziemlich »braun« war, dann wurde er in der Aktenablage beschäftigt. Schließlich wurde er ohne Zeugnis entlassen, mit Unterschrift des neuen Bürgermeisters Dr. Suthoff-Groß. Er bot nicht mehr die Gewähr, »sich jederzeit für den nationalen Staat« einzusetzen, wie es in dem sogenannten Gesetz über das Berufsbeamtentum stand.

Zuvor hatte aber ein Oberinspektor noch Angebote verteilt. Wer in die SA übertreten würde, könne bleiben. Eckert lehnte ab und wurde erst einmal arbeitslos.

Um die Arbeitslosigkeit, die man mit den Entlassungen noch verschärfte, zu beseitigen, griff man auf längst in der Planung vorhandene Projekte zurück. Zu den Notstandsarbeiten gehörte im Wedding u. a. der Bau des S-Bahnhofes Humboldthain. Die Nazis taten jetzt so, als wären diese Projekte von ihnen erfunden worden. Aber auch mit unsinnigen Projekten wurden Arbeitsplätze geschaffen. So wurde der herrliche Volkspark Rehberge zu einem Aufmarschplatz und einer Thingstätte umgebaut. Der herrliche Rathenaubrunnen wurde aus ideologischen Gründen entfernt.

Diese vielen Aktivitäten — Arbeitsbeschaffung und Terror, Zuckerbrot und Peitsche — konnten viele Weddinger nicht darüber hinwegtäuschen, daß sich die Zeiten änderten.

Die Verlegung der Heereslehrschmiede in die Pankstraße und der Bau eines kleinen Flugzeugwerkes in der Stettiner Straße zeigten den aufmerksamen Weddingern welche Entwicklung bevorstand. Bald wurde auch in der Gerichtstraße 27 das Wehrmeldeamt Gesundbrunnen eingerichtet.

Diesem Weg in den Krieg leisteten viele Bürger Widerstand, z. B. in den Weddinger Betrieben durch Flugblätter und Wortpropaganda.

Manche Jugendliche fanden in dieser Zeit ein neues Betätigungsfeld, in dem sie wanderten, allerdings nicht in der HJ, sondern in freien Gruppen.

So wurde der Bahnhof Gesundbrunnen am Wochenende zum Treffpunkt vieler Jugendlicher, die in die Mark fuhren, um zu wandern und um sich ungestört über die Politik zu unterhalten. Dies traf nicht nur für die ehemaligen

Arbeiterjugendverbände zu, sondern auch für die bündische Jugend. Auch diese eher national eingestellten Jugendlichen wollten sich nicht in die Kasernenhofmentalität der HJ einordnen.

So wanderten die Weddinger Jugendlichen z. B. mit der Fichte-Jugend, in der sich zumeist junge Kommunisten zusammengefunden hatten. Wenn sie den HJ-Streifen in die Hände fielen, mit denen es oft Schlägereien gab, war die Vorladung zur Gestapo fällig. Bei kommunistisch und sozialdemokratisch orientierten Gruppierungen folgte zumeist die Verurteilung wegen »Vorbereitung zum Hochverrat« durch das Berliner Kammergericht. So wurde u. a. der bei seiner Verurteilung 26jährige Erwin D. aus der Stralsunder Straße am 20. Dezember *1939* vom 2. Senat des Kammergerichts zu einer Gefängnisstrafe von einem Jahr und sechs Monaten verurteilt, weil er nach *1933* an Treffen der Fichte-Jugend teilnahm.

Aus Erlebnisberichten kann man auch entnehmen, daß der Weddinger Widerstand viel umfassender war, da er im Bewußtsein der Bürger fest verwurzelt war. So schildert eine Inhaftierte, wie sie mit anderen Frauen gefesselt zum Stettiner Bahnhof gebracht wurde, um in das KZ Ravensbrück überführt zu werden. Als die zur Frühschicht fahrenden Arbeiter aus dem Wedding und den anderen Bezirken die gefesselten Frauen sahen, riefen sie ungeachtet der schwerbewaffneten SS, »Macht die Frauen los!« Aber die SS reagierte nicht und trieb ihre Opfer weiter.

Aufschlußreich über die Entwicklung des Weddings in der Zeit des Dritten Reiches sind die geheimen und nur unter großen Gefahren aus Deutschland herausgeschmuggelten Berichte von SPD-Mitgliedern, die der Exilvorstand herausgab und die 1980 erstmals einer breiten Öffentlichkeit zugänglich gemacht wurden.

So beschwerte sich am 29. Oktober 1934 ein Obmann der Nationalsozialistischen Betriebsorganisation in der AEG-Ackerstraße in einem Rundschreiben über die geringe Beteiligung an NS-Kundgebungen:

> *»Wer sich ausschließt, bezeugt damit, daß er sich aus der Betriebs- und Volksgemeinschaft ausschließt, also auf seinen Arbeitsplatz verzichtet.«*

Große Wirkungen erzielte der NS-Funktionär allerdings nicht. Anfang 1935 wurde von Unbekannten ein großes Führerbild in der Montagehalle abgerissen.

Über die Judenverfolgung berichten diese Untergrundaufzeichnungen, daß im Wedding die Ausschreitungen der SA gegen jüdische Geschäftsleute keinen Anklang fanden. Als SA-Leute vor Eisdielen jüdischer Inhaber am Gesundbrunnen demonstrieren, sollen sich zahlreiche Menschen versammelt haben, die gegen die SA laut wurden.

Am 9. November 1938 ließen die Nazis auch eine Weddinger Synagoge zerstören. Das im jüdischen Gemeindeblatt für Berlin als »Synagoge Gesundbrunnen« bezeichnete Gotteshaus wurde 1910 auf dem Hof des Hauses Prinzenallee 87 von dem jüdischen Synagogenverein Ahawas Achim errichtet. Im Jüdischen Gemeindeblatt vom November 1938 waren noch für den 4. und 5. November 1938 Gottesdienste angekündigt. Es waren die letzten.

Obwohl im Wedding relativ wenige Mitbürger jüdischen Glaubens lebten, weisen die Transportlisten der SS zahlreiche Weddinger Juden aus. Ein Großteil kam aus dem jüdischen Altenheim in der Iranischen Straße.

In den vierziger Jahren richteten die Nazis dann auch im Wedding Sammellager für Juden ein, die in die Vernichtungslager deportiert werden sollten. 1943 diente hierzu u. a. eine KFZ-Halle der Hermann-Göring-Kaserne (heute: Quartier Napoleon) und 1944 die Pathologie des Jüdischen Krankenhauses in der Schulstraße als Lager.

Auch mit ihren dauernden Spendenaktionen schienen die Nazis im Wedding anfangs keinen großen Erfolg zu haben. So weigerte sich die Belegschaft der AEG-Ackerstraße die Formulare der Winterhilfe — zum freiwilligen Abzug der Spende — auszufüllen; später schrieben viele als Begründung für die fehlenden Spenden »zu wenig Lohn« in die Listen. Damals (1936) wurden die Spenden noch nicht abgezogen; später haben die Nazis dieses 'freiwillige' Opfer gleich einbehalten. Aber nicht nur unter den Arbeitern wurde schleppend gespendet. Bei einer im Amtsgericht Wedding durchgeführten Sammlung für die Nationalsozialistische Volkswohlfahrt (NSV) wurden von 98 Personen nur 24 Mark aufgebracht, was unter den Nazis zu großem Unmut führte.

Obwohl die Nazis in der ehemals umkämpften Kösliner Straße ein Transparent über die Straße hängten, mit der Aufschrift: »Wir führen den Kampf gegen den Weltbolschewismus«, hatten sie es im roten Wedding weiterhin schwer.

Als einmal in der Brotfabrik Wittler vergessen wurde, die Arbeiter zum gemeinsamen Abhören einer Führerrede zu versammeln, hing am nächsten Tag am Lautsprecher ein Tannenkreuz mit dem Zettel »Ruhe sanft«. Nachforschungen der Gestapo blieben glücklicherweise erfolglos.

Die erwähnten Berichte des SPD-Vorstandes zeigen aber auch, daß der Widerstand in Berlin, im Reich, aber auch im Wedding nicht so groß war, wie man es sich 1933 erhoffte. Viele paßten sich an, andere leisteten vereinzelt Widerstand. So meldeten die Weddinger Polizeireviere vom 21. November bis 10. Dezember 1937 insgesamt 163 Anzeigen wegen oppositioneller Handlungen.

Schon bald beherrschten die Weddinger Arbeiter andere Probleme. Zu den Versorgungsschwierigkeiten — den dauernden Kampagnen Rohstoffe zu sparen und Ersatzstoffe zu verwenden — kam die Kriegsfurcht.

Nicht nur, daß in der Bekanntschaft schon der eine oder andere einen Gestellungsbefehl erhielt oder mysteriöse Todesmeldungen kamen, von denen man erst nach geraumer Zeit erfuhr, daß derjenige in Spanien eingesetzt worden war, auch in den Betrieben waren die Kriegsvorbereitungen deutlich. So mußte die Schwartzkopff AG 175 Mann ihrer Belegschaft zum Festungsbau am Rhein abstellen, während bereits Ende 1938 100 Mann des Rudolf-Virchow-Krankenhauses als Sanitätspersonal in den Westen eingezogen wurden.

Auch zahlreiche schwere Verbrechen erschütterten Ende der dreißiger Jahre und in den vierziger Jahren die Stadt, obwohl die Goebbelssche Presse vieles totschwieg. Das Klima unter der Herrschaft der Nazis schien Gewalttaten zu fördern. 1938 wurden allein in Berlin 86 Morddelikte verübt (1979 waren es nur 53!). In den Verdunkelungszeiten des Krieges stiegen Überfälle auf Frauen und Vergewaltigungen trotz der harten Strafen (zumeist Todesstrafe) stark an.

Ein Mord im Jahre 1943 erschütterte besonders den Wedding. In einem Hauskeller der Gartenstraße wurde am 25. Mai 1943 die Leiche einer Frau aus der Schöningstraße gefunden. Bei den Ermittlungen wurde festgestellt — wie das Niederbarnimer Kreisblatt berichtete — daß die Schwester der Toten verschwunden war. Deren Ehemann kam schnell in Verdacht. Karl L. hatte am 7. 4. 1943 seine Ehefrau ermordet und die Leiche im Bettkasten der gemeinsamen Wohnung versteckt. Am 11. Mai 1943 ermordete er dann seine neugierige nachfragende Schwägerin, die er in der Gartenstraße versteckte.

Der Krieg brachte für den Wedding noch viele Entbehrungen. Das Verhängnis nahm bald den von vielen erwarteten Gang und am 26. August 1940 fielen die ersten Bomben auf Berlin, hauptsächlich auf den Wedding. Kurz vor 23 Uhr heulten die Sirenen. Nur wenige suchten die Luftschutzbunker auf, zumal der Reichsmarschall Göring großsprecherisch verkündet hatte, er wolle Meyer heißen, wenn eine Bombe auf Berlin falle. Er hieß im Volksmund nunmehr Meyer, denn die Royal Air Force bombadierte erstmals die Reichshauptstadt direkt. Im Humboldthain, am Gesundbrunnen und in der Schulzendorfer Straße fielen Bomben. Viele Weddinger wanderten am nächsten Tag zu den Bombentrichtern und nicht wenige glaubten noch siegestrunken, daß es die letzten Bomben wären. Aber es waren nur die Vorboten jener Bombennächte, die bald die Weddinger regelmäßig in die Bunker trieben. Noch im gleichen Jahr traf eine Bombe den Dachstuhl der Schrippenkirche in der Ackerstraße. Ein Mann wurde am Bein verwundet und starb hieran.

1942 wurde dann der Humboldthain mit zwei Bunkern bestückt. Für den großen Bunker wurden rund 100 000 m^3 Beton und ca. 10 000 t Stahl benötigt.

Während dieser Zeit verfaßte der Weddinger Bürgermeister Dr. Suthoff-Groß Bücher und Aufsätze, die einerseits seine Fähigkeiten als Verwaltungsrechtler enthüllten, aber auch zeigten, welch überzeugter Nazi der Weddinger Bezirkschef war. So lobte er die Schriften des berüchtigten Präsidenten des Volksgerichtshofes Roland Freisler und feierte die neue europäische Staatenordnung, die durch Unterdrückung und Krieg erzeugt wurde.

Für seine Bürger wurde derweil die Unterdrückung stärker. So mußte der katholische Pfarrer Metzger ebenso sein Leben lassen, wie der Lehrer Steffelbauer, der am 21. Mai 1942 in Plötzensee sein Leben ließ, weil er Flugblätter gegen den Krieg herstellte. Ebenso erging es den auch in Weddinger Betrieben arbeitenden Mitgliedern der kommunistischen Saefkow-Bästlein-Abshagen-Gruppe, die ebenfalls gefaßt wurde.

Auch ein ursprünglich regimetreues Ehepaar wurde wegen seines Widerstandes hingerichtet. Von diesem Ehepaar und von Pfarrer Metzger soll im folgenden die Rede sein.

Falladas Quangels lebten im Wedding

Ein Großereignis der Berliner Theatersaison 1980/81 war die Revue im Schillertheater nach dem Roman von Hans Fallada »Jeder stirbt für sich allein«. Viele Besucher lasen im Programmheft, daß es sich um eine — wenn auch veränderte — Geschichte aus dem Widerstand gegen den Nationalsozialismus im Berliner Norden handelte. Wenige aber werden wissen, daß es ein Weddinger Ehepaar war. Die Quangels, wie sie Fallada nennt, hießen eigentlich Hampel und lebten bis zu ihrer Inhaftierung nahe der Müllerstraße in der Amsterdamer Straße 10.

Bis zum September 1940 verlief das Leben dieses kinderlosen Ehepaares in ruhigen Bahnen. Otto Hampel, am 21. Juni 1897 im Bezirk Posen geboren, war schon während seiner Schulzeit nach Berlin gekommen. 1916 wurde er Soldat. Nach Kriegsende und der Novemberrevolution fand er eine Tätigkeit bei der BVG, die er bis 1923 ausübte. Dann wechselte er zu einer großen Elektrofirma, in deren Kabelwerken er bis zu seiner Verhaftung als Einrichter tätig war. Politisch gehörte Otto Hampel dem Stahlhelm an, jenem der Weimarer Republik feindlich gegenüberstehenden Bund ehemaliger Frontsoldaten.

Seine Frau Elise, die er nach dem Tod seiner ersten Frau 1935 heiratete, wurde am 27. Oktober 1903 im Bezirk Stendal geboren. Nach der Schulentlassung hatte sie, wie viele junge Frauen in der damaligen Zeit, eine Stellung in Haushaltungen angenommen. Nach ihrer Heirat trat sie der NS-Frauenschaft bei und war dort bis September 1940 sogar als Zellenleiterin tätig.

Die Hampels waren also keineswegs Regimegegner. Politisch standen sie — wie es damals im NS-Jargon hieß — durchaus nicht abseits. Beide haben später gegenüber der Gestapo auch ihre den Nationalsozialismus bejahende Haltung betont.

Dann jedoch fand der Bruder der Elise Hampel — wie es der Volksgerichtshof später formulierte — »den Heldentod im Frankreichfeldzug«. Dieses Ereignis erschütterte den Glauben der Hampels an das NS-Regime. Nun sahen beide ihre Umwelt plötzlich mit anderen Augen. Deutlich wurden ihnen die Differenzierungen, die der nationalsozialistische Staat bei der Behandlung von »Volks- und Parteigenossen« machte. Beide entschlossen sich ihren Unmut zu verbreiten. Hauptsächlich im Wedding, aber auch in anderen Stadtteilen, legten sie zwischen September 1940 und September 1942 über 200 Schrif-

Warum Sterben für die Hitler Plutokraten!

Alle vernünftigen deutschen müssen mithelfen die hitlerische Kriegs Maschine zu vernichten! somit ein weiteres sinnloses hinschlachten von Vater und Söhnen zu verhindern. Es lebe die Gerechtigkeit!

Postkarte des Ehepaares Hampel

ten ab, die Otto Hampel zumeist in Blockschrift geschrieben hatte. Es waren nicht nur, wie Fallada in seinem Stück schreibt, Postkarten. Teilweise fabrizierte das Ehepaar seitenlange Flugschriften.

Dabei zeigt die Art des Schreibens stets den ungeübten Verfasser, so z. B. wenn in einer am 13. September 1940 gefundenen Postkarte geschrieben steht:

> »Deutsche paßt auf! Laßt Euch nicht diktatorisch unter Kriegen was sind wir noch! dass stumme Vieh! Gegen diese Fesseln müssen wir uns wehren sonst ist es zu spät! . . .«

Besonders an Soldaten wandte sich das Ehepaar, wie sich aus einer am 2. März 1941 in der Havelberger Straße gefundenen Postkarte ergibt:

> »Soldaten kämpft nicht für Hitlers neue Welt Anschauung, denn nur darum ist der jetzige Verbrecherische Krieg von der Hitler Regierung angefangen! Durch Hitler geschieht der Verrat für alle Schaffenden in Europa!!!«

Andere Schriften, in denen die Vernichtung der Regierung Hitlers und eine freie Presse gefordert wurden, fand die Polizei in der Glasgower Straße 2 und

110

in der Schwedenstraße 1 im Wedding. Die Hampels verteilten ihre Schriften meist in dem eigenen Einzugsbereich.

Die Vorwürfe gegen das Ehepaar zeigen aber auch, daß nicht alle Karten sofort zur Polizei gebracht wurden. So fand man eine Karte mit der Überschrift »Bitte Karte wandern lassen — Sondermeldung« in der Firma Rheinmetall-Borsig in Tegel; einer Firma, zu der die Hampels selbst keinen Zugang hatten. Jemand hatte die Karte »wandern« lassen.

Dann aber im September 1942 hatten die beiden Pech. Eine Frau beobachtete Otto Hampel und ließ ihn festnehmen. Seine Ehefrau wurde noch am gleichen Tag festgenommen.

Fast vier Tage blieben die beiden in Polizeihaft, wahrscheinlich in der Prinz-Albrecht-Straße, dem berüchtigten Gestapo-Hauptquartier, bis sie dann am 30. September dem Richter vorgeführt wurden, der Haftbefehl erließ. Dann kamen sie ins Untersuchungsgefängnis nach Moabit.

Als der Oberreichsanwalt beim Volksgerichtshof am 8. Dezember 1942 Anklage erhob, hatten beide noch keinen Anwalt, obwohl ihnen die Vorbereitung eines gewaltsamen Umsturzes der Verfassung des Reiches (!) — die schon lange nur auf dem Papier stand — also Hochverrat, vorgeworfen wurde. Eineinhalb Monate später, am 22. Januar 1943, sprach der Volksgerichtshof ein keinen mehr überraschendes Urteil: Das Ehepaar Hampel wurde zum Tode verurteilt.

Dem Schriftsteller Fallada haben die Akten nach dem Kriege vorgelegen. Er schrieb in einem Aufsatz aus dem Jahre 1945, daß die Akte 90 Seiten stark war — sehr wenig, wenn man bedenkt, daß damit das Schicksal zweier Menschen besiegelt wurde.

Fallada stellt in diesem Aufsatz Vermutung über den Tod der Eheleute an. Heute wissen wir aus den Aufzeichnungen des Weddinger Heimatarchivs und dem Programmheft der Fallada-Revue, daß beide am gleichen Tag — dem 8. April 1943 — hingerichtet wurden.

Mancher Weddinger mag gezittert haben, wenn er eine der Hampelschen Schriften fand; mancher mag in dieser Zeit auch Mut geschöpft haben.

Ein Pfarrer kämpft für den Frieden

Eines der bekanntesten Opfer des Faschismus war — wenn auch nur kurze Zeit im Wedding wohnhaft — der katholische Pfarrer Dr. Max Josef Metzger.

Er wohnte in der Weddinger Willenowstraße 8 in einem Haus, das die Rückseite der in der Müllerstraße gelegenen St. Josephskirche bildet. Am 29. Juni 1943 wurde er von der Gestapo festgenommen, die diesen Pfarrer schon lange verfolgte.

Welche Gründe hatte Metzger den Nazis gegeben, ihn zu verhaften?

Pfarrer Metzger wurde am 3. Februar 1887 im Schwarzwald geboren. Nach dem erfolgreichen Schulbesuch begann er eine eigentlich normale theologische Laufbahn mit einer Promotion zum Dr. theol. und der Priesterweihe im Jahre 1911. Seine Tätigkeit als Kaplan führte ihn in zahlreiche Gemeinden, in denen er sich der Trinkerfürsorge widmete. Der erste Weltkrieg brachte aber — wie für viele — auch für diesen frommen Mann einen Einbruch in seinem Leben. Eine kurze Zeit als Divisionspfarrer an der Westfront mit ihren schrecklichen Greueln läßt ihn zum radikalen Pazifisten werden, der sich in den folgenden Jahren aktiv für den Frieden zwischen den Völkern einsetzt.

Bereits 1917 gründete er einen »Friedensbund Deutscher Katholiken«. Zwei Jahre später folgt die Gründung einer »Weltfriedensorganisation«, die Mitte der zwanziger Jahre in »Christ-Königs-Gesellschaft« umbenannt wird. Diese Gesellschaft besteht noch heute.

Nach dem ersten Weltkrieg reist Dr. Metzger von Veranstaltung zu Veranstaltung, von Kongreß zu Kongreß, um für den Frieden zwischen den Völkern zu werben. Oftmals ist er der erste Deutsche, der nach dem Weltkrieg wieder im Ausland auftritt. Diese Friedenssehnsucht konnte nicht nur Freunde bringen, in einem Land, dessen Parteien ihren Wahlkampf in der Mehrheit mit der Revanche für den angeblichen »Dolchstoß« bestritten. Seine Arbeit war, trotz päpstlicher Anerkennung, in den deutschen Politzirkeln auf der Rechten zum Stein des Anstoßes geworden. 1933 brachen dann auch schwere Zeiten für Dr. Metzger herein. Postüberwachungen und Bespitzelungen gehörten zum Alltag. 1934 führten seine Schriften ihm die Gestapo ins Haus; eine dreitägige Haft in Augsburg folgte, begleitet von zahlreichen Hetzartikeln der Nazi-Presse. Um den Verfolgungen seiner Arbeit wenigstens etwas zu entgehen, gründete Metzger im Wedding in der Willdenowstraße den Piusstift, blieb aber selbst zunächst noch in Bayern.

Erst als er im November 1939 unter dem unsinnigen Vorwand, er könne etwas mit dem mißglückten Attentat auf Hitler im Münchener Bürgerbräukeller zu schaffen haben, für fast einen Monat in Gestapohaft verschwand, verlegte der Pfarrer auch seinen Wohnsitz in den Wedding.

Ein Pfarrer, der für den Frieden eintrat, war den Nazis ein Dorn im Auge. Als Hitler seit 1939 immer neue Kriegsschauplätze schuf und später die Kriegssituation immer bedrohlicher wurde, setzte Pfarrer Metzger ein Schreiben an den evangelischen Bischof von Upsala/Schweden auf, um diesen zu bitten, sich bei den Alliierten für einen erträglichen Frieden einzusetzen. Ein solches Memorandum in einer Zeit ungebrochenen Siegesglaubens bei zahlreichen Deutschen war ein kühnes Unterfangen. Die Gestapo war Metzger aber bereits auf der Spur. Man hatte eine Denunziantin in seinen Kreis eingeschmuggelt. Sie gab sich als Schwedin aus und arbeitete für die antikirchliche Abteilung des Amtes IV der Gestapo. Als am 29. Juni 1943 die Gestapo bei Dr. Metzger erschien, war auch die »Schwedin« anwesend und zufällig fand die Gestapo in ihrer Tasche das Schreiben an den schwedischen Bischof. Aber während Dr. Metzger in den Zellen der Prinz-Albrecht-Straße verschwand, ließ man die Denunziantin schnell wieder frei.

Im Gestapohauptquartier, dem ehemaligen Palais des Prinzen Albrecht, und in der Meinickestraße 10, wo die antikirchliche Abteilung ihre Vernehmungen durchführte, wurde Dr. Metzger in den nächsten Monaten vernommen. Seinen Mithäftlingen spendete der Pfarrer Trost, bis er in die Strafanstalt Plötzensee verlegt wurde.

Am 14. Oktober 1943 tagte dann der Volksgerichtshof unter der Führung des berüchtigten Roland Freisler in Sachen Dr. Metzger in der Aula eines Gymnasiums in der Tiergartener Bellevuestraße. Alles schien auf das Todesurteil ausgerichtet. Die gesamte Verhandlung, die von Kirchenvertretern beobachtet wurde, dauerte nur 70 Minuten. Freisler ließ eine Verteidigungsrede des Angeklagten durch dauernde gehässige Zwischenrufe nicht zu. Pfarrer Metzger schrieb später in seiner Zelle:

> *»Die Verhandlung ließ mir schon nach der Einleitung keinen Zweifel mehr, daß hier nicht 'Gericht' gehalten wurde, um 'Recht' zu suchen, sondern um in einem Schauprozeß Eindruck auf das Volk zu machen. So war es mir bald klar, das alle menschliche Hoffnung umsonst sei . . . Es überkam mich ein Gefühl stolzer Verachtung, als ich das Todesurteil hörte.«*

Acht Tage später wurde Dr. Metzger nach Brandenburg-Görden ins Zuchthaus überführt, wo nach Plötzensee die meisten Hinrichtungen durchgeführt wurden. Dort schrieb Dr. Metzger ein Trostbuch für seine Mitgefangenen, bis er am 17. April 1944 hingerichtet wurde.

Jahrelang erinnerte nur noch eine Erinnerungstafel an Dr. Metzger, bis diese im Sommer 1981 von der Hauswand in der Willdenowstraße 8 entwendet wurde. Sie wurde auf Antrag der Weddinger SPD durch eine neue Tafel ersetzt.

Kriegsende und Neuanfang

Nach dem Krieg stellte eine Bezirksamtsdienststelle fest, daß 98 Weddinger ihren Widerstand mit dem Leben bezahlen mußten. 1 367 Weddinger wurden in den Zuchthäusern und Konzentrationslagern inhaftiert. Aber auch die Leiden der übrigen Bevölkerung blieben bis zum Schluß bestehen. Das Kriegsende brachte für den Wedding noch zahlreiche Zerstörungen. Die Sowjets hatten die Berliner zur Aufgabe des Widerstandes aufgefordert. Die Schulstraße wurde zur Hauptkampflinie und die Nazis versuchten, die Ringbahn zu verteidigen. Mit Pflastersteinen, anderen Gegenständen und Fahrzeugen ließ die SS in der Brunnenstraße unter Aufsicht Barrikaden bauen. So mancher Mann, der noch nicht eingezogen war, wurde zu den Arbeiten herangezogen, wie als Zeitzeuge der Sozialdemokrat Rudi Jansen berichtete. Die sowjetische Artillerie und die Luftwaffe unterbrachen die Arbeiten und gaben einigen wenigen Gelegenheit, sich durch eine Flucht dem letzten unsinnigen Aufgebot zu entziehen. Die 10. SS-Panzerdivision »Frundsberg«, die ihren Gefechtsstand im Humboldthain hatte, versuchte vergeblich, das »Großdeutsche Reich« zu retten. Dieser Unsinn kostete noch zahlreiche Menschen das Leben und führte zur Vernichtung der Himmelfahrtskirche. Ein Augenzeuge berichtete über die letzten Stunden im Bunker im Humboldthain:

»Erbarmungslos schlug . . . der Tod in die Reihen der tapferen Geschützbedienungen. Es waren fast alles junge Flakhelfer von 14 bis 16 Jahre!«

Auch die St. Pauls-Kirche wurde in den letzten Kriegstagen in Mitleidenschaft gezogen, nachdem ein Flakgeschütz, daß die Nazis auf der Kreuzung Badstraße und Prinzenallee aufstellten, das gegnerische Geschützfeuer auf sich zog.

Was im Wedding alles zerstört wurde, zeigt eine Schadensmeldung über einen Fliegerangriff vom 18. März 1945:

— Courbièreplatz: 1 Sprengbombe detoniert;
— Fehmarner Straße: 1 Sprengbombe, Totalschaden des Seitenflügels mit 20 Verschütteten;
— Gerichtstraße 27: 2 Sprengbomben auf die S-Bahn, Verkehr unterbrochen;
— Gerichtstraße 37/38 (Krematorium): 1 Sprengbombe und 1 Blindgänger auf dem Friedhofsgelände.

Insgesamt gab es 139 derartige Meldungen.

Am 25. 4. erreichte die 3. Stoßarmee der Sowjets die S-Bahn. Der Krieg war fast vorbei, aber für viele Weddinger ging das Leiden auch unter den ersten Besatzungstruppen weiter.

Noch am 2. Mai 1945 hatte ein SS-Kommando den S-Bahntunnel unter dem Landwehrkanal gesprengt. Das Wasser überflutete die Tunnel bis zum Stettiner Bahnhof und drang dort durch einen Verbindungsstollen in den U-Bahntunnel der Linie zwischen dem Bahnhof Wedding und Kreuzberg ein. 1 000 Menschen ertranken.

Bereits am 3. Mai 1945 befiehlt der sowjetische Bezirkskommandant des Wedding, sofort mit der Räumung der Straßen vom Trümmerschutt zu beginnen. Die Bezirksverwaltung erhielt die Vollmacht, alle Einwohner zu diesen Arbeiten heranzuziehen.

Von der Verwaltung war jedoch nicht mehr viel übrig. Die Einrichtungen im Rathaus waren von Nationalsozialisten vor ihrem Abzug zerstört worden.

Die noch in der Bezirkskasse liegenden 1,5 Millionen Reichsmark wurden mitgenommen, als man auf Lastwagen enteilte. Am Bunker in der Sellerstraße wurden dann aber viele gestellt. Der Weddinger NS-Bürgermeister soll später in russischer Gefangenschaft verstorben sein.

Aufzeichnungen über die Anfänge der Nachkriegsverwaltung ergeben sich aus einem Bericht des Bürgermeisters Scigalla. Nach einigen Quellen soll Scigalla (KPD) von den Sowjets am 8. Mai 1945 eingesetzt worden sein. DDR-Quellen sprechen sogar vom 28. 4. 1945.

Aus den Aufzeichnungen des Weddinger Heimatarchivs ergibt sich, daß vor Scigalla noch ein weiterer Bürgermeister im Amt war. Im Archiv befindet sich ein Ausweis für Willi Nathan vom 1. Mai 1945, die diesen als Leiter der Finanzverwaltung ausweist. Unterschrieben war der Ausweis von Carl Schröder. Er wird darin als Bürgermeister des Bezirksamtes Wedding der Stadt Berlin bezeichnet. Schröder soll Anfang Mai von den Sowjets abgeholt worden sein. Danach hat man nichts mehr von ihm gehört. Scigalla wurde am 8. Mai sein Nachfolger.

Dem Bezirksbürgermeister standen zwei Stellvertreter und 9 Stadträte zur Seite. Auch der 1. stellvertretende Bürgermeister Dr. Acker kam aus der KPD.

Die wenigen Mitarbeiter im Bezirksamt mußten mit zahlreichen Problemen kämpfen. Nur noch 83 729 Wohnungen standen zur Verfügung. 50 000 TBC-Kranke wurden gezählt. Den 191 000 Einwohnern standen nur 1 500 Krankenhausbetten zur Verfügung. Nur langsam regelte sich das Leben. Am 11. Mai zelebrierte erstmals in Berlin wieder ein Rabbiner (der sowjetischen Armee) in der Synagoge des Jüdischen Krankenhauses einen jüdischen Gottesdienst. Vier Tage später wurde durch Anordnung des sowjetischen Bezirkskommandanten die Lebensmittelversorgung geregelt. Die Geschäfte mußten zwischen 6 und 21 Uhr geöffnet sein, auch am Sonntag. Grundnahrungsmittel wurden zum alten Preis verkauft und die Einnahmen bei der Stadtkasse deponiert.

Bereits am 22. Mai fuhren die ersten U-Bahnen vom Gesundbrunnen zum Rosenthaler Platz. Am 25. Mai fuhren die ersten Straßenbahnen wieder und am 1. Juni 1945 konnte für 23 000 Kinder wieder ein provisorischer Schulunterricht beginnen. Am 12. Juli 1945 verkehrten auch wieder U-Bahnen vom Bahnhof Seestraße aus. Am gleichen Tage übernahmen die Briten entsprechend den alliierten Übereinkommen den Wedding und Reinickendorf als ihren Sektor, der einen Monat später an die Franzosen abgetreten wurde.

Schwierig war das Ingangsetzen des wirtschaftlichen Lebens. Am 3. Januar 1946 erlaubten die Franzosen den teilweisen Wiederaufbau der Weddinger Schering-Werke. Andere Firmen, wie das zum Hugenberg-Konzern gehörende Tornado-Werk wurden dem Bezirk unterstellt. Die Versorgung mit Grundnahrungsmitteln war schwierig, weil nicht genügend Futtermittel geliefert wurden, wie der Bürgermeister Scigalla kritisierte. Vor den Lebensmittelgeschäften stand man Schlange, was der französische Bezirkskommandant in einem Schreiben vom 7. März 1946 bemängelte. Ein Großteil der Geschäfte spielte sich auf dem schwarzen Markt ab. So mancher Weddinger wurde festgenommen, als am 2. 11. 1945 bei einer Razzia in dem bereits zum Bezirk Mitte gehörenden Teil der Brunnenstraße 16 000 Menschen kontrolliert wurden, von denen 4 000 keine Arbeitspapiere hatten. Im Frühjahr 1946 kostete auf dem Schwarzmarkt ein Kg Brot 70 RM und ein Kg Butter 800 RM.

Ein Bericht des Weddinger Bezirksamtes vom Januar 1946 zeigt die Situation in den ersten fünf Nachkriegsmonaten. In diesen Monaten wurden 1 277 Geburten registriert, aber 6 759 Menschen starben. Die Zahl der Krankenhausbetten konnte bis September auf 2 849 erhöht werden. Das Schwimmbad konnte erst am 13. 9. 1945 geöffnet werden; dringender war nämlich die Instandsetzung des Krematoriums, das vom 3. Mai an wieder arbeitete und pro Monat etwa 1 000 Einäscherungen vornahm. Von den 36 Schulen war keine unbeschädigt, 11 waren total zerstört. Nur 84 Klassenräume waren nutzbar. Von den 30 Weddinger Kinos konnten mit großen Mühen nur 11 ihren Betrieb wieder aufnehmen.

Das Weddinger Arbeitsamt zählte 111 000 Arbeitskräfte, von denen nur 62 % in Arbeit standen.

In den ersten fünf Nachkriegsmonaten wurden aus der Bezirksverwaltung 629 ehemalige Nazis entlassen.

Das politische Leben begann sich zu beleben, als Parteien und Gewerkschaften zugelassen wurden. Durch die Sowjets unterstützt, genossen dabei die Kommunisten »Heimvorteil«.

Wie stark dieser »Heimvorteil« noch in den nächsten Jahren war, zeigt ein Bericht der Tageszeitung »Der Sozialdemokrat« Nr. 168 vom 22. Juli 1947. Danach hatte die SED allein im Wedding 22 Geschäftsstellen. In der Soldiner Straße hatte diese Partei sogar zwei Geschäftsstellen. Dabei hatten sich die »Genossen« mit Hilfe der Sowjets ansprechende Quartiere ausgesucht, so z. B. die Villa Römer in der Wollankstraße 62/63. Mit großen finanziellen Aufwand wurden diese Geschäftsstellen aufrechterhalten, obwohl der Wähler den Kommunisten bereits eine deftige Abfuhr erteilt hatte.

Am Anfang jedoch schienen die Chancen noch gleich.

Schon am 12. Juni 1945 führte die KPD im Wedding eine Funktionärskonferenz durch, auf der Anton Ackermann sprach, der bis 1948 der ideologische Kopf der KPD/SED war.

Am 18. 12. 1946 sprach im Mercedes-Palast in der Utrechter Straße, einem heutigen Supermarkt, der CDU-Vorsitzende Dr. Andreas Hermes und bereits am 20. 4. 1946 setzte sich am gleichen Ort Dr. Kurt Schumacher auf einer SPD-Versammlung mit der Vereinigung von SPD und KPD auseinander, die seinen Vorstellungen entsprechend zuvor in einer Urabstimmung abgelehnt worden war.

Während die KPD zunächst annahm, bei der Bevölkerung des Weddings Erfolg zu haben, wurde sie bald eines besseren belehrt. Die Bevorzugung der KPD durch die Sowjets machte die Kommunisten nicht beliebter. So wurde von der KPD der Gedanke der Verschmelzung der Arbeiterparteien in die Debatte geworfen. Der Einheitsgedanke war aufgrund der Kampferlebnisse gegen den Nationalsozialismus in beiden Parteien lebendig. Der Druck der Sowjets führte jedoch zum gegenteiligen Ergebnis. Die Urabstimmung in der SPD zeigte, daß die Mehrheit der Sozialdemokraten einer Vereinigung nicht zustimmte.

Im Wedding beteiligten sich an der Urabstimmung 2 707 Sozialdemokraten, von denen sich 2 002 gegen den Zusammenschluß mit der KPD zur SED aussprachen.

Die Folge war eine verstärkte Agitation und Propaganda der Sowjets und der SED gegen die SPD und die bürgerlichen Parteien. Wo die Weddinger standen zeigte dann die Wahl am 20. 10. 1946 — die einzige freie gesamtberliner Wahl — bei der die SPD 24 von 45 Mandaten erreichte, während auf die SED nur 11 und die CDU 8 Mandate entfielen.

Insgesamt gaben 152 420 Stimmberechtigte eine gültige Stimme ab; bei einer Wahlbeteiligung von 91,2 %. 80 878 Wähler stimmten für die SPD, 26 836 für die CDU und 8 962 für die LDP, dem Vorläufer der FDP. Die SED wählten 35 744 Weddinger. Damit blieb sie im »roten Wedding« weit hinter ihren eigenen Erwartungen zurück.

Zum Bürgermeister wählte die Bezirksverordnetenversammlung am 11. 12. 1946 den originellen und manchmal deftigen Walter Röber (SPD), der zuvor schon Sozialstadtrat war. Röber blieb Weddinger Bürgermeister bis zum 18. 1. 1956.

Walter Röber, Weddinger Bürgermeister 1946—56

Diese erste Sitzung der Weddinger Bezirksverordneten nach der Wahl leitete der Alterspräsident Lange (LDP), an dessen Seite als jüngster Bezirksverordneter Gerhard Trampenau (CDU) saß, der später zeitweise Weddings Gesundheitsstadtrat war und 1981 erneut in die BVV gewählt wurde.

Neben Röber wurde der Sozialdemokrat Willi Nathan zum stellvertretenden Bürgermeister gewählt. Zu dieser Zeit gehörte als Stadtrat für Arbeit auch Karl Fabiunke (SED) dem Bezirksamt an. Er war der einzige Stadtrat, der schon vor 1933 Stadtrat im Wedding war. Schulstadtrat wurde der im Wedding sehr bekannte Hauptschulrat Krüger (SPD), den aber die Franzosen nicht bestätigten. Daraufhin wählten die Weddinger Joseph Lenz zum Schulstadtrat, der auch von den Franzosen bestätigt wurde. Nach Joseph Lenz ist ein Weddinger Schullandheim an der Zehlendorfer Clayallee benannt; Friedrich Krüger wurde 1981 Berliner Stadtältester.

Das Bezirksamt wurde am 31. 12. 1946 von dem Vertreter der französischen Militärregierung, Major Eberhard, bestätigt. Vor welche Aufgaben dieses neue Bezirksamt gestellt wurde, zeigt ein Blick in die Tagespresse.

Vom 7. Januar an wurde das Rathaus wegen des akuten Brennstoffmangels nicht mehr beheizt. Verhandlungen der Brennstoffkommission des Bezirksamtes mit der französischen Militärregierung blieben ohne Erfolg. Weitere Brennstoffzuteilungen waren nicht mehr zu erwarten. Die Folgen dieses katastrophalen Winters waren schrecklich.

In den Lauben am Schillerpark vereisten die Wasserleitungen. Die Feuchtigkeit der Luft fror an den Wänden der notdürftig geflickten Lauben. Am 21. Januar erfror ein fünf Monate altes Kind in der Kösliner Straße 15. Insgesamt gab es bis Mitte März 1947 15 Frosttote.

Für die Kinder mußten viele Leistungen erbracht werden. 50 unterernährte Kinder wurden nach Haldersleben zu Bauern in Pflege gegeben. Vom 14.—18. Januar 1947 wurden hinter dem Rathaus in der Limburger Straße an Kinder Schokolade gegen Lebensmittelkarten ausgegeben. Viele Weddinger Kinder waren noch in Heimen an der Ostsee und in Thüringen untergebracht, während 264 Weddinger Kinder noch immer vermißt wurden. 1 300 hatten zwischenzeitlich eine Pflegefamilie gefunden, darunter waren 200 Flüchtlingskinder.

Zu den Sommerferien 1947 gab es vom Bezirksamt eine Sonderzuteilung: 6 000 Kinder erhielten je ein Paar Schuhe, 4 500 ein Kleid oder Sporthemd.

Der Mangel herrschte überall vor.

Auf 10 000 Bewohner des Bezirks kamen nur 9 Ärzte.

Durch viele Fenster pfiff der Wind. Erst im Februar 1947 erhielt der Bezirk 10 000 qm Glas. Es sollte insbesondere an Kranke und Familien mit Kleinkindern abgegeben werden. Für alle Weddinger reichte weder das Glas noch die anderen Gebrauchsgegenstände des täglichen Lebens.

Daneben regten aber auch die politischen Ereignisse der folgenden Jahre die Weddinger auf.

Wie alle Berliner wurden auch die Weddinger von den Ereignissen der Berliner Spaltung betroffen. Sie blieben gegenüber Angeboten aus Ost-Berlin wachsam. Nach der Währungsreform folgten 80 000 Weddinger und Berliner einem Aufruf der SPD und versammelten sich am 24. 6. 1948 auf dem Hertha-Platz, auf dem schon im Juli 1947 Dr. Kurt Schumacher eine große Rede gehalten hatte. Jetzt rief ihnen Ernst Reuter zu:

> *»Letzten Endes geht es garnicht um die Währung, sondern um ganz andere Dinge. Berlin kann leben, wenn es zum Leben entschlossen ist!«*

Hierzu waren die Berliner und Weddinger entschlossen. Die anschließende Blockade stellte diese Entschlossenheit auf eine harte Probe. Nur wenige gingen auf die Angebote aus Ost-Berlin ein, Lebensmittel und Kohlen zu beziehen. Die SED hatte nunmehr keine Chance bei den Berlinern. Die Wahlen am 5. Dezember 1948 brachten dann einen überwältigenden Sieg der Partei Ernst Reuters im Wedding. 75,6 % aller Weddinger wählten die SPD; das waren 108 244 Stimmen. Die CDU, für die Dr. Schreiber, der spätere Regierende Bürgermeister, noch am 6. 11. 1948 auf einer Funktionärskonferenz im Wedding die Brechung der SPD-Mehrheit forderte, erhielt nur 23 121 Stimmen. Weitere 13 254 Wähler entschieden sich für die LDP. Walter Röber wurde am 20. 1. 1949 wieder zum Bürgermeister gewählt. Sein Stellvertreter wurde Walter Wüst (SPD).

Im Wedding versuchte man das Leben zu normalisieren. Die Friedrich-Ebert-Siedlung erhielt wieder ihren Namen, den die Nazis abgeschafft hatten. Man ging daran, die Lücken, die der Bombenkrieg geschlagen hatte, durch Neubauten zu schließen. Die Ernst-Reuter-Siedlung symbolisierte ein neues Kapitel Weddinger Baugeschichte.

Vom 2. bis 10. Juni 1951 feierten die Weddinger den 700. Jahrestag ihrer ersten urkundlichen Erwähnung. Ein Jahr später wurde der Humboldthain, mit der Humboldthöhe, dem alten Flakbunker, als Grünanlage wieder der Öffentlichkeit übergeben. Das Freibad war schon im August 1951 von Senator Hertz eröffnet worden.

Diese Zeit des Neuaufbaus war auch die Zeit des beginnenden kalten Krieges. Während die SED in Ost-Berlin freie Wahlen nicht zuließ und Andersdenkenden die Arbeit unmöglich machte, agitierte sie fleißig im Westteil der Stadt. Als die der SED angehörenden ehrenamtlichen Sozialkommissionsmitglieder im Wedding mehr Propaganda trieben als sich um ihre Aufgaben zu kümmern, wurde am 9. Februar 1949 eine außerordentliche Sitzung der Bezirksverordnetenversammlung einberufen und diese Sozialhelfer abgelöst.

Kurze Zeit darauf zeigte die SED ihr Verhältnis zu den freien Gewerkschaften.

Während am 23. Mai 1949 in Bonn das Grundgesetz aus der Taufe gehoben wurde, wurde in Berlin geschossen: Am S-Bahnhof Gesundbrunnen feuerte die Bahnpolizei am 22. Mai 1949 auf streikende Eisenbahner. Dies ge-

Weddinger Wahlkampf 1954

schah vor dem Hintergrund des Streikes der West-Berliner Eisenbahner, die bei der Reichsbahn beschäftigt waren.

Vom 22. Mai bis 28. Juni 1949 streikten diese Gewerkschaftler, weil die von der SED und den Sowjets kontrollierte Reichsbahn den Lohn nicht wenigstens teilweise in Westgeld auszahlen wollte.

Die unabhängigen Gewerkschaften in West-Berlin wurden von der Reichsbahn nicht als Vertreter anerkannt. Dort wollte man nur mit dem kommunistischen FDGB verhandeln. Die freien Gewerkschaften hielten deshalb eine Urabstimmung ab. Von den 12 275 abgegebenen Stimmen bejahten 11 522 einen Streik. Als dieser schließlich am 22. Mai begann, kam es zu heftigen Auseinandersetzungen mit der Bahnpolizei aus dem Ostteil der Stadt, die versuchte, den Betrieb aufrechtzuerhalten. Dies wollten die streikenden Arbeiter verhindern. Eine fast tausendköpfige Menge warf von der Brücke in der Badstraße Zementblöcke auf die Schienen des S-Bahnhofes Gesundbrunnen. Die Bahnpolizei schoß sofort und verletzte mehrere Personen. Eine Eskalation konnte von der West-Berliner Polizei und der französischen Gendarmerie verhindert werden, die die Bad- und Brunnenstraße absperrten und damit den S-Bahnhof lahmlegten.

Der Streik wurde durch Intervention des Bürgermeisters Reuter und der drei Westalliierten beendet, nachdem die Arbeiter in zwei vorangegangenen Urabstimmungen die Fortsetzung des Streiks mit riesengroßer Mehrheit beschlossen hatten. Die Vertreter der »Arbeiter- und Bauernmacht« in Ost-Berlin zeigten dagegen auf ihre Weise, was sie von der Koalitionsfreiheit und dem Streikrecht hielten: Streikende wurden entlassen und der SED-Polizeipräsident von Ost-Berlin drohte den Streikenden sogar die Todesstrafe wegen Transportgefährdung an.

Schließlich wurde eine befriedigende Regelung erreicht: 60 % des Lohnes in Westgeld.

Annähernd 400 Eisenbahner wurden nach dem Streik entlassen oder versetzt. Noch heute erkennt die DDR-Reichsbahn die Gewerkschaft der Eisenbahner nicht als Koalitionspartner für Westberliner Bediensteten an.

Der Ost-West-Konflikt ging weiter. Am 2. Februar 1950 verbot der Weddinger Bezirksbürgermeister Röber eine SED-Kundgebung im Mercedespalast in der Utrechter Straße, da Parallelveranstaltungen der demokratischen Parteien in Ost-Berlin nicht zugelassen wurden.

Als dann die Eigentumsrechte von in Berlin-West wohnenden Geschäftsleuten in Berlin-Ost eingeschränkt wurden, schloß die Weddinger Bezirksverwaltung die »Konsumgesellschaft Wedding«, die der SED zugeordnet wurde. Die Mitarbeiter beschäftigten sich in West-Berlin als Propagandisten; einige Angestellte waren beim Verteilen verbotener Flugblätter festgestellt worden.

Schließlich wurde von der SED versucht, die Erwerbslosen für sich zu gewinnen. Eine Erwerbslosenkonferenz sollte in der Aula der Berufsschule in der Grüntaler Straße stattfinden. Wegen der gleichzeitigen Maßnahmen gegen westliche Politiker in Ost-Berlin verbot Walter Röber die Konferenz, die dann im Ostteil der Stadt stattfand.

Während die SED ihre Agitation in West-Berlin forcierte, übersah sie die Stimmung im eigenen Machtbereich. Die Unzufriedenheit wurde am 17. Juni 1953 deutlich. Die Opfer dieses Tages wurden auf dem städtischen Friedhof in der Seestraße beigesetzt. Der Senat richtete eine Gedenkstätte ein.

Seit den frühen fünfziger Jahren hat sich der Wedding stark verändert. In dem größten deutschen Sanierungsgebiet entstehen ansprechende Bauten; eine Hochschule entstand in den Weddinger Grenzen, ebenso wie zahlreiche vorbildliche Senioreneinrichtungen und moderne Jugend- und Kindereinrichtungen.

Die Nachkriegsentwicklung wäre eine eigene Geschichte wert. Abschließend soll daher nur auf die politische Situation eingegangen werden.

Zunächst änderte sich politisch wenig in diesem Bezirk. Die SPD regierte im Bezirksamt an der Müllerstraße bis 1981 mit absoluter Mehrheit. Zwar sanken die 75 % des Jahres 1948 bald auf niedrigere Werte, aber 64 % der Mandate in den Jahren 1950 und 1954 waren auch nicht wenig. Am 22. 2. 1956 wählten die Weddinger dann Helmut Mattis zum neuen Bürgermeister für den ausscheidenden Walter Röber.

Zwei Jahre später erreichte er mit seiner Partei 31 der 45 Sitze in der Bezirksverordnetenversammlung. 1963 war dann ein neuer Höhepunkt erreicht. Besonders der Weddinger Abgeordnete und Regierende Bürgermeister Willy Brandt, der in seinem Wahlkreis 75,74 % erreichte, schraubte das Weddinger Ergebnis in die Höhe. Über 70 % stimmten für die SPD, die 35 der 45 Mandate in der BVV erhielt. Als der Nachfolger von Helmut Mattis, Horst Bowitz, 1970 das Amt des Bezirksbürgermeisters übernahm, stellte die SPD noch 33 der 45 Bezirksverordneten.

Auch er ist inzwischen aus dem Amt geschieden. Als in Berlin 1981 vorgezogene Neuwahlen stattfanden, konnte die SPD zwar traditionell im Wedding alle Wahlkreise gewinnen, aber in der Bezirksverordnetenversammlung erreichte die CDU erstmals ebensoviele Mandate wie die SPD (21), obwohl die SPD mehr Stimmen erhielt als die CDU. Im Wedding regiert aber weiterhin ein sozialdemokratischer Bürgermeister. Es ist zum ersten Mal eine Frau. Die Bezirksverordnetenversammlung wählte am 18. 6. 1981 die Zehlendorfer Stadträtin Erika Heß.

Kleine Wedding Chronik

Die anschließende kleine Chronik des Wedding soll dem Leser das Nachschlagen einzelner im Buch erwähnter Ereignisse erleichtern. Die Chronik ist daher nicht vollständig; viele Ereignisse, die mit den Kapiteln dieses Buches nicht unmittelbar zu tun haben, wurden weggelassen.

1210   (—1245) Etwa in dieser Zeit war das kleine Dörfchen Wedding besiedelt. Später wurde es wahrscheinlich als Folge der Gründung des benachbarten Berlin/Cölln verlassen.

1251   (22. 5.) Erste urkundliche Erwähnung des Dorfes Wedding und der Pankemühle.

1289   (14. 8.) Zweite urkundliche Erwähnung des Wedding und des dortigen Gutshofes.

1326   Erwähnung des Wedding im Berliner Stadtbuch: Den Berliner Tuchmachern wurden für die Erträge der Weddinger Ländereien Steuerfreiheit gewährt. Von dem Zins stifteten sie einen Altar.

1384   Über den Wedding führt ein belebter Pilgerweg nach Wilsnack (bis 1552). Auf dem Wedding wird daher wahrscheinlich eine Kirche errichtet.

1391   Im Berliner Stadtbuch werden die Weddinger Grundstücke aufgezählt, für die an den Magistrat Zins gezahlt wird.

1516   Berlins Bürgermeister Freyberg erwirbt Land auf dem Wedding bei den nicht mehr genutzten Kirchen.

1540   Die Bürger Kaspar und Henning Boling erwerben ein Stück Weddinger Land.

1541   Die Panke-Mühle ist nicht mehr in Betrieb.

1583   Der Heidereiter Eßlinger verkauft ein ihm auf dem Wedding gehörendes Stück Land an den Apotheker Aschenbrenner, der es 1601 weiter veräußert.

1588   Die Spandauer Nonnen, denen die Mühle gehört, geben den Besitz an den preußischen Kurfürsten ab.

1601   Das Weddinger Vorwerk (der Gutshof) wird Eigentum des bayerischen Grafen Hieronymus Schlick.
Henning Boling verkauft sein Land.

1603   Der Kurfürst Joachim Friedrich erwirbt das Vorwerk und Teile des Weddinger Landes.

1653   Der Kurfürst Georg Wilhelm kauft weitere Grundstücke auf dem Wedding vom Konsistorialpräsidenten Peter Fritze.

1655   (22. 5.) Der Große Kurfürst erwirbt ein Weddinger Grundstück von dem Bürger Falkenberg.

        (27. 6.) Die Witwe Kolsse verkauft ihre Wiese nahe der Panke an jenen Falkenberg, der sie dem Kurfürsten weiter veräußert.

1708   Der Bau einer Wassermühle an der Panke wird beschlossen.

1710   Der Auftrag für den Bau und den Betrieb dieser Mühle geht an den Mühlenmeister Märker.

1713	Mit der Einweihung der Sophienkirche (im heutigen Bezirk Mitte) wird diese Gemeinde für die Gläubigen auf dem Wedding zuständig.
1728	Hexenprozeß gegen Dorothea Steffin wegen ihrer angeblichen Begegnungen mit dem Teufel auf dem Wedding.
1731	Die Mühle an der Panke wird zur Papiermühle umgebaut. Inhaber ist der Müller Schulze, der 60 Arbeiter beschäftigt. Förster für die Gebiete auf dem Wedding wird bis 1755 Konrad George.
1748	Auf dem Wedding leben nur 72 Bewohner. Ein Berliner Bürger berichtet erstmals über eine Quelle nahe der Panke.
1751	Der Chemiker Markgraf untersucht die Quelle und charakterisiert sie als Heilquelle.
1752	Der Galgen wird auf dem heutigen Gartenplatz errichtet.
1751	Das Obercollegium Medicum untersucht ebenfalls das Quellwasser. Die bisherigen Untersuchungsergebnisse werden bestätigt. Der Hofapotheker Dr. Behm übernimmt die Quelle und baut sie mit königlicher Unterstützung zu einer Heil und Badeeinrichtung aus.
1760	Dr. Behm wirbt mit einer ersten Werbeschrift für seinen Gesundbrunnen.
1761	Das Brunnenwasser der Gesundbrunnen-Quelle ist nunmehr in Flaschen auch in den Berliner Apotheken erhältlich.
1766	Das Vorwerk Wedding wird verkleinert. Dr. Behm erwirbt das Vorwerk in Erbpacht.
1778	Der Gastwirt Corsika erwirbt einen anderen Teil des Vorwerks, das Gelände um die Reinickendorfer Str. 2 (Kleiner Wedding).
1780	(11. 8.) Dr. Behm verstirbt; sein Sohn Karl Ludwig Behm erbt das Vorwerk.
1781	Nahe der Panke (etwa heutige Uferstraße) werden Kolonistenhäuser für eingewanderte Kolonisten errichtet.
1784	24 Kolonisten leben und arbeiten am Gesundbrunnen. Behms Sohn überschreibt das Vorwerk seiner geschiedenen Frau, der Gräfin Reuß.
1786	(15. 8.) Hinrichtung des Joh. Höppner auf dem Gartenplatz.
1788	(15. 5.) Der »Kleine Wedding« wird vom Wirt Corsika einem Polizeikommissar verkauft.
1790	Hinrichtung des Johann Lenz.
1792	(—1800) Mehrfacher Eigentümerwechsel des »Kleinen Wedding«.
1794	Die Mühle an der Panke wird durch Brand zerstört.
1795	Nach dem Tod der Gräfin Reuß verkaufen ihre Erben das Vorwerk an den Holzhändler Johann Gottlieb Schulze. Behms Erben verkaufen jetzt auch den Gesundbrunnen an Prof. Rein. Dieser verkauft ihn im selben Jahr an Martin Fürstenberg.
1979	Das Vorwerk Wedding wird an den Geheimrat Noeldichen verkauft.
1799	Der Kriegsrat Scheffel stellt für die Regierung fest, daß das Gebiet bis zur Panke zu Berlin gehört. Königin Luise besucht den Gesundbrunnen und gestattet, ihn nach ihr zu benennen.

1800	Der Bau der Chaussee nach Tegel wird bis zum Schießplatz in den Rehbergen ausgeführt.
	Geheimrat Noeldichen erwirbt auch den »Kleinen Wedding«.
	In der Müllerstraße 53 wird ein Haus, das spätere Gasthaus »Oldenburger Hof« errichtet.
1805	Auf dem Wedding leben 150 Menschen in 17 Haushalten und auf dem Gesundbrunnen 105 Menschen in 23 Haushalten.
1807	Assesssor Dr. Flittner erwirbt den Gesundbrunnen.
1809	Der Gesundbrunnen wird mit einem Volksfest in Luisenbad umbenannt.
	(—1810) Die Müller Kloß und Streichan errichten je eine Mühle an der späteren Müllerstraße.
1811	Die Mühle an der Panke wird stillgelegt.
	Das Stadtgericht stellt fest, daß der Wedding und der Gesundbrunnen zu Berlin gehören.
1816	(12. 6.) Die Regierung bestätigt, daß der Wedding und der Gesundbrunnen zum Berliner »Weichbild« gehören. Der Plötzensee wird für 100 Taler von Berlin erworben, gehört aber verwaltungsrechtlich nicht zu Berlin.
1817	Die Stadt Berlin erwirbt das Weddinger Vorwerk für 31 050 Taler.
1819	Der Müller· Streichan baut seine zweite Mühle.
1820	Der Gesundbrunnen wird an Dr. Graßhof verkauft.
1821	(15. 10.) In der Schulstraße nimmt die erste Weddinger Schule ihren Betrieb auf (eine Klasse).
1825	Die Pankemühle brennt ab.
	Die Stadtverordneten halten eine formelle Eingemeindung des Wedding für zu teuer.
1828	(10. 4.) Der heutige Courbière-Platz wird Friedhof (bis 1861).
	(23. 2.) Friedrich Wilhelm III. gibt seine Absicht bekannt, auf dem Gebiet des heutigen Wedding zwei Kirchen zu errichten.
1829	Der Bau der beiden Kirchen wird genehmigt.
1830	Der Sattlermeister Rüger gründet auf dem Wedding eine Riemenwerkstatt (später Lederfabrik Rüger & Mallon).
1832	Im Frühjahr wird der Grundstein der Nazareth-Kirche, im Sommer der der St. Pauls-Kirche gelegt.
1833	S.J. Arnheim gründet in der Badstraße 40/41 seine Tresorfabrik.
1834	Das Vorwerk Wedding wird parzelliert.
1835	(5. 7.) Einweihung der Nazareth-Kirche umd Amtseinführung des Pfarrers Blume.
	(12. 7.) Einweihung der St.-Pauls-Kirche und Amtseinführung des Pfarrers Bellermann.
1836	Die St.-Pauls-Gemeinde zählt 1 200 Gemeindemitglieder.
	Borsig läßt sich an der Chausseestraße nieder.
1837	Die erste Schule für den Gesundbrunnen wird genehmigt.
	(2. 3.) Die letzte Hinrichtung findet auf dem Gartenplatz statt.
1839	Das Gemeindehaus von St. Paul wird fertiggestellt.

1840	Die Abdeckerei, vorher nahe am Galgen in der Gartenstraße angesiedelt, wird in die Müllerstraße 146 verlegt.
1842	(—1843) Der Stettiner Bahnhof wird errichtet. Das Gesetz über die Armenpflege legt der Stadt Berlin die Fürsorge für die Armen auf dem Wedding auf.
1842	(Juli) Der Galgen am Gartenplatz wird abgerissen.
1843	(9. 3.) Die Regierung regt die Eingemeindung des Wedding und des Gesundbrunnen an.
1844	An der Panke wird eine Getreidemühle neu errichtet.
1845	Carl Gropius erwirbt den Gesundbrunnen.
1846	Auf dem Wedding werden 22 Windmühlen gezählt.
1848	Berliner Arbeitslose werden mit Notstandsarbeiten in den Rehbergen beschäftigt.
	(19. 4.) Die Rehberger Notstandsarbeiter ziehen in einem Demonstrationszug zur Stadt, um bessere Löhne zu erzielen.
1850	Oberhalb des Gesundbrunnen siedeln sich Gerber an der Panke an, sie wird zur »Stinke-Panke«. Die Nazareth-Gemeinde richtet eine zweite Schule auf dem Wedding ein.
1851	Der Apotheker Ernst Schering kauft die »Grüne Apotheke« in der Chausseestraße (Bezirk Mitte).
1852	Fa. Schwartzkopff läßt sich an der Chausseestraße nieder.
1854	(18. 12.) Weddinger Bürger fordern vom Magistrat endlich die Eingemeindung.
1855	Die Fa. Roller läßt sich im Wedding nieder.
1856	Am Nordhafen wird eine Männerbadeanstalt errichtet.
1857	W. Wedding errichtet seine Maschinenfabrik in der Ackerstraße 76. Die Regierung droht dem Berliner Magistrat die zwangsweise Eingemeindung des Wedding und des Gesundbrunnen an.
1858	(17. 10.) Pfarrer Buttmann über das Pfarramt in St. Paul.
1859	Der Apotheker Schering erwirbt für eine Chemische Fabrik das Grundstück Müllerstraße 171. Bauarbeiten und Teilinbetriebnahme der 3. Städt. Gasanstalt in der Sellerstr.
1899	(6. 10.) 1. *Weddinger* Apotheker (Adler-Apotheke) in der Reinickendorfer Str. 1 eröffnet.
1860	(28. 1.) Eine königliche Kabinettsorder legt die Eingemeindung des Wedding und des Gesundbrunnens fest (Einwohnerzahl: 14 692).
1861	Der Nazareth-Friedhof an der Seestraße wird angelegt. Es folgen in den späteren Jahren weitere Friedhöfe in der Umgebung.
1862	Gründung des Bezirksvereins Gesundbrunnen.
	(22. 4.) Gründung des ersten Weddinger Turnvereins im Lokal Apfelweingarten, Müllerstraße 163. (2. 8.) Auf der Grundlage des Hobrecht-Planes wird für den Wedding ein Bebauungsplan festgelegt.
1864	Gasanstalt in der Sellerstraße ist endgültig fertiggestellt.

| 1865 | (19. 6.) Der Grundstein für das Lazarus-Krankenhaus in der Bernauer Straße wird gelegt. |

1865 (19. 6.) Der Grundstein für das Lazarus-Krankenhaus in der Bernauer Straße wird gelegt.

1865 (12. 10.) Die Stadtverordneten beschließen, den Humboldthain anzulegen.

1866 Johannis-Friedhof an der Seestraße wird angelegt.

1867 Garnisonskirchhof an der Müllerstraße wird angelegt.
Fa. Schwartzkopff zieht in die Scheringstr.

1869 Bei dem Bau eines Abwasserkanals in der Badstraße wird erstmals die Gesundbrunnenquelle angestochen.

1869 (14. 9.) Baubeginn für den Humboldthain.

1870 Der Domkirchhof II in der Müllerstraße wird in Betrieb genommen.

(16. 5.) Einweihung des Lazarus-Krankenhauses.

(September) Viehhof an der Brunnenstraße Ecke Gustav-Meyer-Allee eröffnet.

1871 Die Mietskasernen in der Antonstraße entstehen.
Neubau des Pfarrhauses der Nazareth-Kirche.

1871 (23. 10.) Schering begründet seine Aktiengesellschaft, Müllerstraße 170—171.

1872 Die Abdeckerei wird in die Müllerstraße 81 verlegt.
Anlegung der S-Bahnhöfe Gesundbrunnen und Wedding.
Inbetriebnahme der Ringbahn.
Anlegung des Friedhofes der Französischen Gemeinde in der Wollankstraße 43.

1873 (8. 7.) 1. Pferdestraßenbahn fährt bis zur Badstraße, später bis zum Gesundbrunnen.

1874 Gartenplatz wird Getreidemarkt.
Meyers Hof wird in der Ackerstraße 132 errichtet.
Karl Diestelkamp wird Pfarrer in der Nazareth-Kirche (bis 1903).
Mietskasernen rund um den Vinetaplatz entstehen.

(Februar) Pferdestraßenbahnhof, Badstraße 41 a, erbaut.

(4. 12.) Pferdestraßenbahn fährt bis zum Weddingplatz.

1876 Die Nazarethkirchstr. wird gebaut.
Pol. Leutnant Ancion verhindert sozialdemokratische Veranstaltungen.
Eine Ratswaage wird auf dem Gartenplatz (Getreidemarkt) erbaut.
Humboldthain wird fertiggestellt.

1877 Badeanstalt am Plötzensee wird eröffnet.

(1. 10.) Nord-Güterbahnhof an der Bernauer Str. eröffnet.

1878 Wilhelm Hasenclever erobert erstmals für die Sozialdemokraten den Reichstagswahlkreis VI (Wedding/Moabit). Nach dem Erlaß des Sozialistengesetzes unterliegen auch die Weddinger Sozialdemokraten der Verfolgung; ihre Vereine werden verboten.

1880 Parzellierung des Luisenbades.
Gropius' Erben verkaufen den Gesundbrunnen für 600 000 M an die Fa. Gebr. Hirschler.

1882 Constantin Liebich gründet den Verein»Dienst an Arbeitslosen« (später Schrippenirche) und führt auch im Wedding Gottesdienste durch.
Kaiser-Wilhelm-und-Kaiserin-Augusta-Stiftung errichtet ein Altenheim an der Schulstraße.

(17. 4.) Lessing-Gymnasium eröffnet.

(15. 7.) Erste Gallenblasenoperation der Welt im Lazarus-Krankenhaus durch Prof. Langenbuch.

1884 (3. 11.) Die Dankeskirche am Weddingplatz wird eingeweiht.

Wilhelm Pfannkuch wird Weddinger Reichstagsabgeordneter (Soz. Dem.).

1886 (1. 4.) ABOAG weiht den Betriebshof VI in der Wattstraße ein.

1887 Die Weddinger Zeitung »Die Quelle« erscheint erstmals.
Das Humboldtdenkmal wird im gleichnamigen Park errichtet.
Die Stifung der Hospitäler zum Heiligen Geist und St. Georg richtet ein Altenheim an der Reinickendorfer Str. ein.
Hasenclever wird erneut Reichstagsabgeordneter.

(22.1.) Nach illegalem Treffen in der Jungfernheide ertrinken drei Sozialdemokraten im Hohenzollernkanal.

(29. 1.) Große Demonstration bei der Beerdigung der drei Toten.

1888 Das Paul-Gerhard-Stift zieht in die Müllerstraße.
Die AEG übernimmt die Fabrik von W. Wedding in der Ackerstr. 76.
Aus gesundheitlichen Gründen gibt der Reichstagsabgeordnete Hasenclever sein Mandat zurück. Nachfolger wird Wilhelm Liebknecht.

(7. 4.) Große Panküberschwemmung.

Scholkoladenfabrik Hildebrandt eröffnet die Fabrikation in der Pankstraße.
Eine Frauenbadeanstalt am Nordhafen wird eröffnet.

1889 Versuche des Magistrats zur Eingemeindung des Plötzensee scheitern.

1890 Die St.-Pauls-Kirche erhält einen Glockenturm.
Fa. Roller siedelt in die Prinzenallee über.

Kaiser-und-Kaiserin-Friedrich-Kinderkrankenhaus in der Reinickendorfer Straße erbaut.
Pumpstation Bellermannstr. 7 erbaut. Der Gesundbrunnen ist an die Berliner Kanalisation angeschlossen.

1891 Bergmanns Elektrizitätswerke siedeln sich in der Seestraße an.

(19. 1.) Die Friedenskirche in der Ruppiner Straße wird eingeweiht.

Versuchs- und Lehrbrauerei in der Seestraße errichtet.
Pankemühle stillgelegt.
Militärbadeanstalt im Plötzensee eingerichtet.

1892 Erneute Versuche, den Plötzensee einzugemeinden, scheitern.
Clara Lange-Schucke stiftet ein Altenheim an der Reinickendorfer Str.
Pferdestraßenbahnhof Badstraße 41 a wird Straßenbahnhauptwerkstatt.
Markthallen in der Bad- und Reinickendorfer Straße werden eingerichtet.
Bau der sogenannten Schwindsuchtsbrücke Gartenstraße / Liesenstraße.

(21. 6.) Versöhnungskirche in der Bernauer Str. eingeweiht.

1893 Die Pumpstation der Kanalisation an der Seestraße wird fertiggestellt.

(10. 3.) Die neue Nazareth-Kirche in der Schulstraße wird eingeweiht.

(4. 6.) Die Himmelfahrtskirche wird von August Orth im Humboldthain errichtet.

(26. 6.) Die St. Sebastianskirche auf dem Gartenplatz wird eingeweiht.

128

1894	Die AEG beginnt mit der Errichtung erster Produktionsstätten auf dem Gelände des ehemaligen Viehhofes an der Brunnenstraße.
1895	Durch einen Tunnel zwischen den Grundstücken der AEG in der Acker- und Brunnenstraße fährt die erste U-Bahn.
	(10. 9.) Berlins 1. elektrische Straßenbahn verkehrt von der Badstraße nach Pankow.
1896	(13. 12.) Das Asyl in der Wiesenstraße wird eröffnet.
1898	Brotbäckerei Wittler in der Müllerstr. 33 eröffnet.
	St. Afra-Stift, Graunstraße, errichtet.
1899	ABOAG weiht ihren Betriebshof für Pferdeomnibusse in der Usedomer Str. ein.
1900	Das später so genannte Robert-Koch-Institut zieht zum Nordufer.
	Georg Ledebour wird Weddinger Reichstagsabgeordneter (bis 1918). Einwohnerzahl 141 320.
1901	Hugo Heimann erwirbt das Grundstück Prinzenallee 46 a und errichtet die sogenannten roten Häuser.
	Die Schrippenkirche zieht in die Ackerstraße 52.
1902	Fa. Essig-Kühne zieht in die Brunnenstraße.
	Das Institut der Zuckerindustrie wird in der Amrumer Str. errichtet (1903 bezogen).
	Letzte Pferdestraßenbahnen fahren durch Weddinger Straßen.
	(29. 7.) Vaterländischer Bauverein gegründet.
	(5. 9.) Kapernaum-Kirche eingeweiht.
1904	Das Zuckermuseum wird im Zuckerinstitut in der Amrumer Staße eingerichtet.
	(Januar) Die Rotaprint AG wird in der Reinickendorfer Straße gegründet.
	(31. 10.) Die Versöhnungsprivatstraße an der Hussitenstraße wird eingeweiht.
	(3. 12.) Stephanus-Kirche eingeweiht.
1905	Errichtung des Karl-Schrader-Hauses (1906 fertiggestellt).
	(13. 4.) Die Stadtverordnetenversammlung beschließt, einen neuen Park im Norden, den »Schillerpark«, zu errichten.
	(November) Die Swinemünder Brücke (Millionenbrücke) wird dem Verkehr übergeben.
	(15. 11.) Der erste Omnibus mit Vergasermotor startet in der Usedomer Straße.
1906	Onkel Pelle (Adolf Rautmann) eröffnet Müllerstraße 147 einen Rummel.
	(—1907) Die Travemünder Straße wird entlang der Panke angelegt.
	Das Schiller-Lyzeum errichtet (heute Diesterweg-Schule).
	Amtsgericht Wedding fertiggestellt.
	(1. 10.) Rudolf-Virchow-Krankenhaus eingeweiht.
	(13. 10.) Wilhelm Voigt (Hauptmann von Köpenick) übernimmt das »Kommando« über die Wache der Militärbadeanstalt Plötzensee und zieht mit ihr nach Köpenick.
1907	Seestraße wird mit teilweise sehr repräsentativen Wohnbauten bebaut.
	Das Frauenasyl in der Kolberger Straße wird eröffnet.
	(13. 5.) Heinrich Seidel wird Pfarrer im Lazarus-Krankenhaus (Ehefrau Ina Seidel).

1908	Fa. Bode-Panzer beginnt im Wedding mit der Tresorfertigung.

1908   Fa. Bode-Panzer beginnt im Wedding mit der Tresorfertigung.
Die Abdeckerei in der Müllerstraße 81 stellt den Betrieb ein.
Wittler verlegt seine Brotbäckerei in die Maxstr. 2—5.

(6. 1.) St.-Petrus-Kirche eingeweiht.

(15. 6.) Stadtbad Gerichtstraße eröffnet.
(Herbst) Badeanstalt am Nordhafen wird geschlossen.

1909   (—1910) Peter Behrens errichtet Gebäude für die AEG an der Hussitenstraße und Voltastraße.

(7. 10.) Beuth-Schule am Zeppelinplatz eröffnet.

1910   Bergmanns Elektrizitäts-Werke errichten ein Glühlampenwerk an der Osloer Straße.
Feuerwache Edinburger Str. eröffnet.
Urne des verstorbenen Robert Koch wird in dem gleichnamigen Institut beigesetzt.

(2. 5.) St. Josephskirche in der Müllerstraße wird eingeweiht.

(4. 5.) Hertha BSC schlägt auf dem Hertha-Platz an der Behmstraße zum 1. Mal in der Geschichte des europäischen Fußballs eine englische Profimannschaft mit 3:1.

(7. 6.) Der südliche Teil des Schillerparks wird der Öffentlichkeit übergeben.

1911   (6. 2.) Der Busbetriebshof XIV in der Jasmuder Straße in Betrieb genommen.

(18. 6.) Einweihung der Osterkirche.

1912   Fertigstellung des Jüdischen Krankenhauses.
(Januar) Die große Wiese im Schillerpark wird erstmals als Eisfläche genutzt.

(2. 12.) Erster Rammschlag für die Nord-Süd-U-Bahn in der Seestraße.

(28. 12.) Erstes preußisches Krematorium nimmt an der Gerichtstraße den Betrieb auf.

1913   (10. 5.) Der gesamte Schillerpark wird der Öffentlichkeit übergeben.

1914   Frauenasyl in der Kolberger Straße wird Konservenfabrik.

1915   Eingemeindung des Gutshofes Plötzensee.

1916   (28. 7.) Streik im Wedding wegen der Verurteilung von Dr. Karl Liebknecht.

(11. 9.) Die Hindenburg-(heute Böse-)Brücke wird dem Verkehr übergeben.

1917   (16. 4.) Streiks im Wedding wegen der Kürzung der Brotrationen.

1918   Ledigenheim in der Schönstedtstraße eröffnet.

(9. 11.) Weddings Arbeiter leiten mit einem Demonstrationszug die deutsche Revolution ein.

1920   (27. 4.) Groß-Berlin-Gesetz; der Wedding wird 3. Verwaltungsbezirk.

(20. 6.) Wahlen zur Bezirksversammlung. Ergebnis: USPD 28 Bezirksverordnete, SPD 7, DVP 4, DNVP 3, sonstige 3.
Die Wahlen werden später vom preußischen OVG für ungültig erklärt.

1921   (16. 10.) Neuwahlen: Ergebnis: USPD 15 Bezirksverordnete, SPD 9, KPD 7, DNVP 6, sonstige 8.

(23. 11.) Carl Leid (USPD) wird Bürgermeister, Dr. Rieß wird stellv. Bürgermeister. Das Bezirksamt wird auf 12 Jahre gewählt.

Bezirksversammlungsvorsteher wird Hans Kaasch (USPD).

1923   Freibad Plötzensee eingerichtet.

(8. 3.) U-Bahn zur Seestraße fertiggestellt.

(8. 4.) Eröffnung von Versuchs- und weltlichen Schulen in der Gotenburger, Lütticher, Pank, Putbusser und Schöninghstr. und am Leopoldplatz.

(25. 8.) Letzter Berliner Pferdeomnibus fährt ins Depot in der Usedomer Str.

1924   (—1928) Siedlung am Schillerpark wird errichtet.

1925   Hugo Preuß — der Schöpfer der Weimarer Verfassung — wird in der Gerichtstraße beigesetzt.

(25. 10.) Wahlen. Ergebnis: SPD 17 Bezirksverordnete, KPD 13, DNVP 6, sonstige bürgerliche Parteien 9.

1926   Beginn der Begrünungsarbeiten in den Rehbergen.

1927   Wohnkuben von Ludwig Mies van der Rohe in der Afrilkanischen Straße errichtet.
Straßenbahnhof und Wohnrandbebauung von Jean Krämer an der Müllerstraße errichtet.

1928   Wohnbauten des Architekten Glas an der Dubliner und Edinburger Straße mit Zentralheizung und Wärmezählern errichtet.

(19. 11.) Grundsteinlegung für das Weddinger Rathaus.

1929   Ringbahn wird elektrifiziert.

(1. 5.) Sog. Blutmai fordert im Wedding zahlreiche Todesopfer.

(22. 6.) Der Volkspark Rehberge wird der Öffentlichkeit übergeben.

(—1931) Errichtung der Friedrich-Ebert-Siedlung.

(17. 11.) Wahlen. Ergebnis: KPD 19 Bezirksverordnete, SPD 14, DNVP 5, DDP 2, Zentrum 1, NSDAP 1 und sonstige 3.

1930   Rathenau-Brunnen von Georg Kolbe in den Rehbergen aufgestellt.

(April) U-Bahnlinie bis zum Bhf. Gesundbrunnen eröffnet.

(18. 11.) Einweihung des Rathauses in der Müllerstraße 146.

1932   (November) KPD und NSDAP bestreiken gemeinsam Weddinger BVG-Betriebe.

1933   (30. 1.) Machtübernahme der NSDAP im Deutschen Reich. Erste Ausschreitungen und Mißhandlungen von NS-Gegnern im Wedding.

(5. 3.) Wahlen zum Reichstag. Ergebnis im Wedding: KPD 92 000 Stimmen, SPD 52 000 und NSDAP 61 000.

(12. 3.) Wahlen in Berlin. Ergebnis NSDAP 14 Bezirksverordnete, KPD 15, SPD 11, Zentrum 2, Hugenberg 3.

(14. 3.) Der gewählte Bürgermeister und die Stadträte werden von den Nazis rechtswidrig abgesetzt. Leiter der Bezirksverwaltung wird der Staatskommissar Dr. Suthoff-Groß.

(28. 6.) Nachdem allen KPD- und SPD-Bezirksverordneten die Mandate aberkannt wurden, »wählen« die Nazis Dr. Suthoff-Groß zum Bezirksbürgermeister und lösen anschließend die Bezirksversammlung auf.

1934	Die Unterdrückungsmaßnahmen der neuen Machthaber werden fortgesetzt. »Die Quelle« stellt ihr Erscheinen ein.
1935	Errichtung der Bahnhöfe Humboldthain und Bornholmer Straße. Osram GmbH übernimmt die Bergmann-Glühlampenfabrik. Freilichtbühne Rehberge wird eingerichtet.
1937	Schillerdenkmal im Schillerpark wird aufgestellt.
1938	Teile Pankows (bis zur Soldiner Straße) werden dem Wedding zugeteilt.
	(9. 11.) Synagoge am Gesundbrunnen in der Prinzenallee 87 wird von der SA zerstört.
1940	(26. 8.) Erste Bomben werden von der Royal Air Force auf den Wedding abgeworfen und verursachen Zerstörungen in der Schulzendorfer Straße.
1941	(Oktober bis April 1942) De Hochbunker im Humboldthain werden erbaut.
1942	(21. 5.) Der Weddinger Lehrer Steffelbauer wird wegen seines Widerstandes in Plötzensee hingerichtet.
1943	(8. 4.) Das Weddinger Ehepaar Hampel wegen Widerstandes hingerichtet.
	(31. 8.) Das Rudolf-Virchow-Krankenhaus wird durch einen Bombenangriff in großen Teilen zerstört.
	(4. 9.) Hochschulbrauerei wird zu 85% zerstört.
1944	(17. 4.) Der Weddinger Pfarrer Dr. Metzger wird in Plötzensee hingerichtet.
1945	(25. 4.) Die Sowjetunion erreicht die S-Bahn im Wedding.
	(28. 4.) Sowjets setzen den 1. Weddinger Nachkriegsbürgermeister Schröder ein.
	(2. 5.) Tunnel im Stettiner Bahnhof wird nach Sprengung durch die SS in anderen Tunnelteilen überflutet.
	(3. 5.) Krematorium nimmt seine Arbeit wieder auf.
	(8. 5.) Nach Absetzung des Bürgermeisters Schröder ernennen die Sowjets den Bürgermeister Scigalla. Von 121 166 Wohnungen im Wedding sind nur 83 729 wenig oder unzerstört.
	(11.5.) 1. Jüdischer Gottesdienst nach dem Krieg in der Synagoge des Jüdischen Krankenhauses.
	(22. 5.) 1. U-Bahn fährt vom Gesundbrunnen wieder auf der Linie zur Leinestraße.
	(22. 5.) 1. Straßenbahn fährt wieder auf dem Wedding.
	(1. 6.) Provisorischer Schulunterricht beginnt im Wedding.
	(12. 6.) Als erste führt die KPD eine Kundgebung im Wedding durch.
	(12. 7.) Die U-Bahn fährt wieder zur Seestraße.
	(27. 7.) Der Wedding wird zunächst britischer Sektor und im August französischer Sektor.
	(13. 9.) Das Schwimmbad in der Gerichtstraße eröffnet wieder.
1946	(3. 1.) Die französische Militärregierung erlaubt den Wiederaufbau der Fa. Schering.
	(20. 4.) SPD-Großkundgebung mit Kurt Schumacher.

(20. 10.) Wahlen. Ergebnis: SPD 24 Bezirksverordnete, SED 11, CDU 8 und LDP 2.

(12. 11.) Die Zeitung der »Kurier« erscheint erstmals im Wedding mit französischer Lizenz.

(11. 12.) Walter Röber (SPD) wird zum Bürgermeister gewählt. Bezirksverordneten-Vorsteher wird Julius Breitenfeld (SPD). Wedding hat 234 000 Einwohner.

(18. 12.) CDU-Kundgebung mit Andreas Hermes im Wedding.

(31. 12.) Die französische Militärregierung bestätigt das Bezirksamt.

1947 Im Winter 1947 starben zahlreiche Weddinger an Unterernährung und Erfrierungen. Die öffentlichen Gebäude bleiben unbeheizt.

(28. 2.) Ernst Reuter spricht auf dem Hertha-Platz zu den Berlinern.

(21. 7.) Bezirksverordnetenversammlung protestiert gegen die sowjetische Blockade Berlins.

(5. 12.) Wahlen. Ergebnis: SPD 34 Bezirksverordnete, CDU 7, LPD 4.

1949 (26. 1.) Walter Röber wird als Bezirksbürgermeister wiedergewählt. Vorsteher wird Otto Kilwinski (SPD).

Fa. Rotaprint wird wieder in Betrieb genommen.

(22. 5.) Kommunistische Bahnpolizei schießt am Bahnhof Gesundbrunnen auf streikende Bahnarbeiter.

(8. 5.) Französisches Gymnasium zieht in die Schule am Zeppelinplatz.

(13. 8.) Friedrich-Ebert-Siedlung erhält ihren alten Namen, den die Nazis abschafften.

1950 (3. 4.) Grundsteinlegung für die Erweiterung der Fa. Schering.

(17. 5.) Hugo-Heimann-Bücherei wird in der Badstraße 10 eröffnet.

(29. 7.) Eröffnung der Müllerhalle.

(29. 10.) Wiedereinweihung der katholischen St. Sebastian-Kirche.

(3. 12.) Wahlen. Ergebnis: SPD 29 Bezirksverordnete, CDU 10, FDP 6.

1951 Bürgermeister Röber wiedergewählt. Vorsteher wird Paul Reimann (SPD).

(2. 6.—10. 6.) 700-Jahr-Feier im Wedding.

(11. 8.) Sommerbad im Humboldthain wird eingeweiht.

1952 Der traditionelle Gasthof »Oldenburger Hof« wird abgerissen.

(Juni) Neubau des französischen Gymnasiums am Kurt-Schumacher-Platz.

(14. 9.) Humboldthöhe fertiggestellt.

1953 (25. 3.) Kaufhaus Held (später Hertie) in der Brunnenstraße eröffnet.

(24. 4.) Die »Weddinger Alster« im Nordhafen der Öffentlichkeit übergeben.

(16. 6.) Henningsdorfer Stahlarbeiter durchziehen den Wedding auf dem Weg zum Ost-Berliner Stadtzentrum.
Die Opfer des Volksaufstandes werden auf dem Weddinger Urnenfriedhof in der Seestraße beigesetzt.

(26. 10.) Erster Rammschlag für die U-Bahn nach Tegel.

1954   Alte Nazareth-Kirche nach Wiederaufbau wieder eingeweiht.

(6. 6.) Jugendheim Frohsinn am Nordufer eingeweiht.

(20. 6.) Das Mahnmal für den Wiederaufbau wird auf dem Courbièreplatz enthüllt.

(18. 7.) Theodor Heuss weiht die Ernst-Reuter-Siedlung ein.

(30. 11.) Neubau der Hauptbücherei in der Schulstraße wird eröffnet.

(5. 12.) Wahlen. Ergebnis: SPD 29 Bezirksverordnete, CDU 12, FDP 4.

1955   (15. 1.) Die Ernst-Reuter-Schule in der Stralsunder Str. wird bezogen.

(20. 1.) Bezirksverordneten-Vorsteher Paul Reimann (SPD) wird wiedergewählt.

(23. 2.) Bürgermeister Röber wird wiedergewählt.

(15. 5.) Baubeginn der Siedlung Schillerhöhe.

(26. 10.) Innensenator Lipschitz überreicht dem Wedding sein Wappen.

1956   Die von Otto Bartning konzipierte Himmelfahrtskirche wird im Humboldthain errichtet.
Die St. Aloysius-Kirche wird am Schillerpark gebaut.
Kindertagesstätten in der Graun-, Watt- und Osloer Straße werden ebenso geöffnet, wie die Blindentagesstätte in der Schönstedtstraße und die Schulen in der Guineastraße.

(18. 1.) Bürgermeister Röber tritt aus Gesundheitsgründen zurück.

(22. 2.) Als neuer Bürgermeister wird Helmut Mattis gewählt.

1957   Das Rudolf-Virchow-Krankenhaus wird an die Fernwärme angeschlossen.
Einweihungen der Kindertagesstätten Euler, Amrumer, Reinickendorfer und Schönwalder Straße, der Altentagesstätten Armenische Straße und Nordufer und des Verwaltungsgebäudes der Hermann Meyer AG in der Wattstraße.

(22. 12.) St. Paul-Kirche wird nach Wiederherstellung eingeweiht.

1958   Eröffnungen: Sporthalle Luise-Schröder-Platz, Altentagesstätte Schönwalder Straße, Otto Suhr-Bücherei und Kindertagesstätte in der Ghanastraße.

(9. 6.) Eröffnung der U-Bahn nach Tegel.

(7. 12.) Wahlen. Ergenis: SPD 31 Bezirksverordnete, CDU 14.

1959   Eröffnung: Haus der Gesundheit, Kindertagesstätte und Jugendfreizeitheim in der Edinburger Str. und Berufsschule für elektronische Berufe in der Osloer Straße.
Einweihung der Kormelius-Kirche.

(21. 1.) Bürgermeister Mattis wird — auf 6 Jahre — wiedergewählt.
Paul Reimann bleibt Vorsteher der BVV.

1960   Neubau der AOK in der Müllerstraße 143.
Neubau des Kurt-Schumacher-Hauses der SPD in der Müllerstraße 163.
Einrichtung des Autobusbetriebshofes Müllerstraße im ehemaligen Straßenbahnhof.

1961   Große Feierlichkeiten zur Einhundertjahrfeier der Eingemeindung.
Einweihung des Studentenwohnheimes am Sparrplatz.
Eine Planungsgruppe um Prof. Eggeling legt die grundsätzlichen Pläne für die Sanierung an der Brunnenstraße vor.

Die Altentagesstätte in der Swinemünder Str. und das Obdachlosenheim in der Sellerstraße werden eröffnet.

1962   (—1964) Der Rathaus Neubau wird nach Plänen des Architekten Bornemann errichtet.
Auf der Grünfläche an der Liesenstraße wird das Mahnmal für Wiedervereinigung enthüllt.

1963   Beginn der Sanierungsarbeiten an der Brunnenstraße.

(17. 2.) Wahlen. Ergebnis: SPD 35 Bezirksverordnete, CDU 10.

(14. 3.) Als Vorsteher der BVV wird Horst Löwe gewählt.

1965   Bürgermeister Helmut Mattis wird wiedergewählt.

1967   (12. 3.) Wahlen. Ergebnis: SPD 33 Bezirksverordnete, CDU 12.

(11. 4.) Horst Löwe (SPD) wird als Vorsteher wiedergewählt.

1970   (31. 8.) Bürgermeister Mattis tritt mit Erreichen des 65. Lebensjahres in den Ruhestand.

(24. 9.) Horst Bowitz wird zum Weddinger Bürgermeister gewählt.

1971   (14. 3.) Wahlen. Ergebnis: SPD 29 Bezirksverordnete, CDU 14, FDP 2.

(22. 4.) Horst Löwe wird als Vorsteher und Horst Bowitz als Bezirksbürgermeister wiedergewählt.

Die Technische Fachhochschule wird aus mehreren Ingenieurschulen gegründet.

1972   Neubau der Dankeskirche am Weddingplatz errichtet.

1974   Der traditionelle Hertha-Platz wird verkauft und mit Sozialwohnungen bebaut.

1975   Wahlen. Ergebnis: SPD 26 Bezirksverordnete, CDU 19.

(24. 4.) Wolfgang Sorgatz wird zum Bezirksverordnetenvorsteher gewählt.

(29. 5.) Der bisherige Bürgermeister Bowitz wird wiedergewählt.

1976   Die Hauptbücherei in der Schulstraße erhält den Namen »Jerusalem«.

1977   Das Robert-Koch-Institut erhält ein modernes Laborgebäude.
Ein neues Bettengebäude für das DRK-Krankenhaus an der Drontheimer Straße wird fertiggestellt.
Ein Arbeitskreis Bundesautobahn prüft, ob durch den Wedding eine Autobahn geführt werden kann. Der Plan wird später fallengelassen.
Stromausfälle im Rudolf-Virchow-Krankenhaus führen zu einer Untersuchung, als deren Folge heute das Krankenhaus eine der modernsten Notstromanlagen besitzt.

1978   Neubau des Kaufhauses Karstadt am Leopoldplatz.

1979   50jähriges Bestehen des Volksparkes Rehberge wird gefeiert.

(18. 3.) Wahlen. Ergebnis: SPD 24 Bezirksverordnete, CDU 19, FDP 2.

(26. 4.) Als neuer Vorsteher wird Jürgen Lüdtke (SPD) gewählt.

(3. 5.) Als Bürgermeister wird Horst Bowitz wiedergewählt, scheidet aber am Beginn des Jahres 1981 aus seinem Amt aus gesundheitlichen Gründen aus.

1980   Brauerei Groterjan schließt die Pforten.
Die TU übernimmt das aufgegebene Gelände der AEG in der Ackerstr. 76.

1981   Kombiniertes Hallen- und Sommerbad an der Seestraße errichtet.

(10. 3.) Wahlen. Ergebnis: SPD und CDU je 21 Bezirksverordnete, AL 3. Als Ergebnis der Wahlen wird Erika Heß (SPD) als erste Frau Weddinger Bezirksbürgermeisterin und Werner John (CDU) Vorsteher der BVV.

1982   Einweihung des neuen Hauses der Gesundheit in der Reinickendorfer Straße.

Inbetriebnahme der Kopf-Spezialklinik im Rudolf-Virchow-Krankenhaus.

1983   Zahnklinik Nord auf dem Gelände des RVK errichtet.

Aufbau des Berliner Innovations- und Gründerzentrums in der Ackerstraße 76.
Heimatarchiv zieht in seine alten Räume in der Müllerstr. 157 zurück.
AEG Brunnenstraße gibt die Schließung bekannt.
Baubeginn für ein Deutsches Herzzentrum auf dem Gelände des RVK.

1985   Wahlen vom 10. März: SPD 21 Bezirksverordnete, CDU 20, AL 4. Bezirksbürgermeisterin bleibt Erika Heß (SPD); BVV-Vorsteher wird Wolfgang Mellwig (SPD).

Literaturverzeichnis

Im Text wurde bewußt auf Anmerkungen und Literaturhinweise verzichtet. Die nachfolgend genannten Werke wurden bei der Erstellung des Manuskriptes benutzt.

Allgemeiner Kongreß der Arbeiter- und Soldatenräte, Berlin, 16.—21. Dezember 1918, Stenografische Berichte, Berlin 1973

Alzog, Grundriß der Universal-Kirchengeschichte, Mainz 1868

Asmus, Hinterhof, Keller und Mansarde. Die Wohnungsenquête der Ortskrankenkasse, Reinbek 1982

Aspekte der Gründerzeit, Ausstellungskatalog der Akademie der Künste, Berlin 1974

Aus dem dunkelsten Berlin, Zeitschrift des Vereins 'Dienst an Arbeitslosen', div. Ausgaben

Baedeckers Berlin-Wedding, Text: Georg Holmsten, Freiburg 1976 2. Auflage 1982

Benjamin, Hilde; Georg Benjamin, Leipzig 1982

Berliner Omnibusse, Vom Pferdebus zum Doppeldecker, hrsg. v. H. D. Reichardt, Düsseldorf 1975

Bezirksamt Wedding (Hrsg.), 50 Jahre Weddinger Rathaus, Berlin 1980

dass. (Hrsg.), Der Wedding ändert sein Gesicht, Berlin-Wedding 1959

dass. (Hrsg.), Unser Bezirk im Aufbau 1959—1962, Berlin-Wedding 1962

dass. (Hrsg.), Festschrift Haus der Gesundheit, Wedding 1982

Blaszcyk, Die Anfänge der polnischen Städte im Lichte der Bodenforschung, Poznan 1974

Bliedner, Geschichte der evangelischen Nazareth-Gemeinde 1835—1960, Berlin-Wedding 1960

Blume, Geschichte der Nazareth-Gemeinde auf dem Wedding, Berlin 1860

Brandt, Begegnungen und Einsichten, Hamburg 1976

Bernstein, Die Geschichte der Berliner Arbeiterbewegung, Berlin 1907 ff. (3 Bände)

Boger/Haasis, Adolph Streckfuß als Teilnehmer, Chronist und Kritiker der Berliner Revolution von 1848, in: Streckfuß, Die Demokraten, siehe dort.

Bowlby, May 1929 — The 'Rising' in Berlin-Wedding, Diss. Christ's College Cambridge

Bruch, v., Bürgerliche Sozialreform und Gewerkschaften, in: Internationale wissenschaftliche Korrespondenz 1979, S. 581 ff.

BVG (Hrsg.), 75 Jahre Autobusbetriebhof Usedomer Straße, Berlin, November 1980

Cate, Riss durch Berlin, Der 13. August 1961, Hamburg 1980

Croon, Rehberge — ein Volkspark wird 50, in *Der Nord-Berliner* vom 11. 5. und 18. 5. 1979

Deutschland-Berichte der Sozialdemokratischen Partei Deutschlands (Sopade) 1934—1940, Frankfurt 1980

Engelmann, Preußen, München 1979

Ernst-Reuter-Siedlung, Zur Erinnerung an die Einweihungsfeier am 18. Juli 1954, o. J.

Evang. Versöhnungsgemeinde (Hrsg.), Das Glück braucht ein Zuhause, Katalog, Berlin 1982

Flugblattpropaganda im 2. Weltkrieg, Hrsg. Staatsbibliothek Preußischer Kulturbesitz, Berlin 1980

Fontane, Wanderungen durch die Mark Brandenburg

Fricke, Die deutsche Arbeiterbewegung 1869—1890, Leipzig 1964

Fuhrmann, Polen, Abriß der Geschichte, Hannover 1981

Gall u. a., Fragen an die deutsche Geschichte, Bonn-Berlin 1977, 3. Auflage

Gandert u. a., Heimatchronik Berlin, Köln 1962

Geist/Kürvers, Das Berliner Mietshaus 1740—1862, München 1980

v. Gierke, Die erste Reform des Freiherrn vom Stein, Darmstadt 1957

Grab, Die Revolution von 1848, München 1980

Grebing, Geschichte der deutschen Arbeiterbewegung, München 1970

Gottwald, Heimatbuch vom Wedding, Berlin o. J. (1924)

Heim, 75 Jahre Rudolf-Virchow-Krankenhaus in Berlin, Berlin 1981

Heinemann, Der Richter und die Rechtsgelehrten, Leipzig 1900.

Heinrich (Hrsg.), Berlin und Brandenburg, Stuttgart 1973.

Herzfeld (Hrsg.), Berlin und die Provinz Brandenburg im 19. und 20. Jahrhundert, Berlin 1968.

Hilfe Schule, Herausgeber: Arbeitsgruppe Pädagogisches Museum, Berlin 1981.

Hoffmeister, Berlin, Die zwölf westlichen Bezirke, Darmstadt 1975.

Hugo, 100 Jahre St. Pauls-Kirche, Berlin 1935.

Hugo, Materialien über Colonisten im Wedding, Heimatarchiv Wedding, Sign. U.1.6a.

Huret, Berlin um neunzehnhundert, Nachdruck, Berlin 1979.

Kaeber, Beiträge zur Berliner Geschichte, Berlin 1964.

Kaeber, Berlin 1848, Berlin 1948.

Keiderling/Stultz, Berlin 1945—1968, Berlin (Ost) 1970.

Kempner, Priester vor Hitlers Tribunalen, Gütersloh 1970.

Kiersch u. a., Berliner Alltag im Dritten Reich, Düsseldorf 1981.

Kiaulehn, Berlin — Schicksal einer Weltstadt, München 1976.

Kleist, v., Berliner Abendblätter 1810—1811.

Köhler, Klettern in der Großstadt, Berlin 1979.

Krüger, Der Wedding einst und heute, Berlin o. J. (1951 ?).

Küther, Räuber und Gauner in Deutschland, Göttingen 1976.

Lagotz, Wohnhausgruppe Dubliner Straße der DeGeWo Berlin, In: Moderner Wohnungsbau 1928, Heft 1.

Lange, Berlin zur Zeit Bebels und Bismarcks, Berlin 1972.

Lange, Das Wilhelminische Berlin, Berlin 1967.

Laqueur (Hrsg.), Kriegsausbruch 1914, München 1967.

Liebich, Der Verein Dienst am Arbeitslosen. Nachricht über die ersten sechs Jahre seines Bestehens, Berlin o. J., (1828).

Löwenthal, Der goldene Galgen, Berlin 1951.

ders., Der verschwundene Lord, Berlin 1951.

Müller, v., Edelmann, Bürger, Bauer, Bettelmann ... Berlin im Mittelalter, Berlin 1979.

Marx/Engels, Werke Bd. 1, Berlin (Ost), 1972.

Matthes, Der Wedding, wie er war und wurde, Berlin 1935.

Metzel, Gerichtsbräuche um die Wende des 17. Jahrhunderts, in: Mitteilungen des Vereins für die Geschichte Berlins, 1900, S. 75.

Mitscherlich/Mielke, Medizin ohne Menschlichkeit, Dokumente des Nürnberger Ärzteprozesses, Frankfurt 1960.

Montgelas (Hrsg.), Die deutschen Dokumente zum Kriegsausbruch, 1914, Berlin 1922.

Nestriepke, Der Raupüberfall in der Pinnover Heide in: Der Bär von Berlin, Berlin 1957, S. 38 ff.

Neubauer, Geschichte der Nazareth-Gemeinde 1835—1925, Berlin 1926.

Nicolas, Berlin zwischen gestern und heute, Berlin 1978.

Nickel, Festschrift zum Kirchweihjubiläum der ev. Kirchengemeinde St. Paul am 17. Juli 1960, Berlin 1960.

Niklaus, Gebliebter Wedding, Berlin o. J. (1976).

Petzold, Der 9. November 1918 in Berlin, Berlin (Ost) 1958.

Pomplun, Berlin und kein Ende, Berlin 1977.

Pomplun, Von Häusern und Menschen, Berlin 1972.

Pomplun, Kutte kennt sich aus, Berlin 1974.

Preußen, Versuch einer Bilanz, Reinbek 1981, Bd. 1.

Preußen, Beiträge zu einer politischen Kultur, Reinbek 1981.

Ratz, Georg Ledebour, Berlin 1969.

Rave/Knöpfel, Bauen seit 1900 in Berlin, Berlin 1968.

Reichardt, Berlin in der Weimarer Republik, Berliner Forum 7/79.

Reichardt (Hrsg.), Berlin in Geschichte und Gegenwart, Jahrbuch des Landesarchivs, Berlin 1982.

Retzlaff, Das kleine Polizeihandbuch 1913/14.

Reuter, Schriften und Reden, 3. Band, 4. Band, Berlin 1974.

Riesenberg, Mühlen in Berlin, Berlin 1983.

Rimbach, Links und rechts der Panke, Berlin 1961.

Ritter, Das grüne Berlin, Berlin 1982.

Rogge, Fabrikwelt um die Jahrhundertwende am Beispiel der AEG-Maschinenfabrik in Berlin-Wedding, Köln 1983.

Rößler, »Versammlung wird nicht erlaubt«. in: Berliner Heimat, Berlin (Ost) 1958, S. 167 ff.

Rosenfeldt, Hochnotpeinliches Halsgericht und Feuertod in Berlin, in Mitteilungen a. a. O. 1909, S. 10.

ders.: Unveröffentlichtes Aktenmaterial zur Strafverbrennung des Höpner in Berlin 1876, in Mitteilungen a. a. O., S. 157.

ders.: Die letzte Vollstreckung der Feuerstrafe in Preußen, in Mitteilungen a. a. O. 1910, S. 82.

Sagave, Berlin — Paris 1871, Frankfurt 1971.

Sandvoß, Widerstand in einem Arbeiterbezirk, Berlin 1983.

Schilling u. a., Wedding 1933—1945, Berlin 1983.

Schimmler, Festschrift 25 Jahre Ernst-Reuter-Siedlung; 75 Jahre Hussitenprivatstraße, Berlin 1979.

ders.: Der Wedding anno dunnemals, Berlin-Wedding 1980.

Schmidt, E., Rechtsentwicklung in Preußen, Darmstadt 1961.

Schmidt, M., Stadtlandschaft und Menschen, Berlin 1978.

Scholz, Berlin und seine Justiz, Berlin 1982.

Segers-Glocke, Karl-Friedrich Schinkel, Die einstigen Berliner Vorstadtkirchen, München-Berlin 1981.

Slawen und Deutsche zwischen Elbe und Oder, Berlin 1983.

Springer, Berlin — Ein Führer, Berlin 1961.

Steffen, u. a., Auf zum letzten Verhör, München 1977.

Stengel, Alte Wohnkultur in Berlin und in der Mark, Berlin 1958.

Stephan, 700 Jahre Wedding, Berlin o. J. (1951 ?).

Stiftung Hospitäler zum Heiligen Geist und St. Georg (Hrsg.), Friedrich Weichert, Werden und Wirken einer Stiftung 1278 bis 1978, Berlin 1978.

Streckfuß, 500 Jahre Berliner Geschichte, 2. Auflage Berlin o. J. (etwa 1880 ?).

ders.: Die Demokraten, Nachdruck Gießen 1977.

Suchsdorf, Geschichte des Gesundbrunnens, Berlin 1891.

Suthoff-Groß/Luther, Verfassung und Verwaltung der Reichshauptstadt Berlin, Berlin 1938.

Synagogen in Berlin, Hrsg. Berlin-Museum, Berlin 1983.

Tewes, Der erste Luftangriff auf Berlin, Berliner Blätter, August 1960, S. 7.

Thietmar von Merseburg, Chronik, Darmstadt 1974.

Torge, Rings um die Mauern Berlins, Berlin 1939.

Trotnow, Karl Liebknecht, Köln 1980.

Unbek. Verf., Schattenriß von Berlin 1788, Nachdruck, 2 Bände Berlin 1974/1975.

Vogel, Geschichte der Selbstverwaltung im Bezirk Wedding, unveröffentlichtes Manuskript (etwa 1967), Heimatarchiv Wedding.

Voß, Reiseführer für Literaturfreunde Berlins, Frankfurt/Main, 1980.

Wagner, Der Volksgerichtshof im nationalsozialistischen Staat, Stuttgart 1974.

Wedding, Bezirksamt (Hrsg.), Wedding — Stadt in der Stadt, Berlin 1973.

Wedding — Ein Bezirk von Berlin, Fotografiert von Werner Kohn, Berlin 1983.

Wettstädt, Ausgrabungsfunde aus dem Bezirk Wedding zu Berlin, Berlin 1974.

Wille, 41 Spaziergänge in Reinickendorf und Wedding, Berlin 1979.

Wohlgemuth, Karl Liebknecht, Eine Biographie, Berlin (Ost), 2. Aufl. 1975.

Wohnsitz Nirgendwo — Vom Leben und vom Überleben auf der Straße, hrsg. v. Künstlerhaus Bethanien, Berlin 1982.

sowie zahlreiche Meldungen und Artikel aus:
Berliner Morgenpost, Der Nord-Berliner, Der Gesundbrunner, Die Quelle, Wir am Gesundbrunnen, Panke-Post, Mitteilungen des Vereins für die Geschichte Berlins und zahlreiche Gespräche u. a. mit Wolfgang Eckert, Walter Nicklitz, Rudi Janssen, Rudi Diepold und dem verstorbenen Kurt Schwandt.

Danksagung

Für seine ständige freundliche Unterstützung bei allen Fragen danke ich Herrn Wolfgang Eckert, dem ehrenamtlichen Leiter des Weddinger Heimatarchivs. Herrn Hans-Rainer Sandvoß ist für seine Anregungen zu danken, ebenso wie Herrn Edwin Feldner, der stets drängte, damit das Manuskript fertig wurde.
Dieses Buch wäre ohne die Unterstützung des Weddinger Heimatvereins und besonders der Berliner Sparkasse nicht möglich geworden.

Über den Autor:

Geb. 1949, Studium der Rechtswissenschaft in Berlin; 1974 1. Juristische und 1977 2. Juristische Staatsprüfung. Seit November 1977 Staatsanwalt in Berlin.

Bezirksverordneter im Bezirk Wedding von 1975 bis 1977 und erneut seit 1981. Seit 1983 stellvertretender Vorsitzender und seit Dezember 1984 Vorsitzender der SPD-Fraktion.

Schimmler veröffentlichte neben Broschüren und Aufsätzen zur Weddinger Geschichte das Buch »Recht ohne Gerechtigkeit, Urteile der Berliner Sondergerichte im Nationalsozialismus«, Berlin 1984.

Er ist Mitbegründer und stellvertretender Vorsitzender des Weddinger Heimatvereins.